우리말 신체 명칭과 한국적 세계관

우리말 신체 명칭과 한국적 세계관

초판 1쇄 인쇄 · 2017년 4월 17일
초판 1쇄 발행 · 2017년 4월 25일

지은이 · 장은하
펴낸이 · 한봉숙
펴낸곳 · 푸른사상사

편집 · 지순이, 홍은표 | 교정 · 김수란
등록 · 1999년 7월 8일 제2-2876호
주소 · 경기도 파주시 회동길 337-16(서패동 470-6)
대표전화 · 031) 955-9111~2 | 팩시밀리 · 031) 955-9114
이메일 · prun21c@hanmail.net
홈페이지 · http://www.prun21c.com

ⓒ 장은하, 2017

ISBN 979-11-308-1092-8   93710
값 24,000원

한국어학총서

우리말
신체 명칭과
한국적 세계관

장은하

푸른사상
PRUNSASANG

언어를 어떻게 정의하는 것이 가장 타당할 것인가? 필자는 학생들과의 처음 학기 첫 수업에서 학생들에게 늘 같은 질문을 하곤 한다. 하지만 거의 대부분의 학생들은 '언어는 의사소통의 도구'라고 답변한다. 인류의 삶, 문명과 오랜 세월 같이한 언어를 그렇게 간단하고 단순하게 정의할 수 있을까? 언어가 의사소통의 도구일 뿐이라면 언어 외에 다른 대체수단이 있어도 과연 인간의 문명과 문화는 비슷한 발전을 할 수 있었을까? 필자는 그렇지 않을 것이라고 본다. 왜냐하면 언어는 의사소통의 중요한 도구이기도 하지만 언어라는 도구 없이는 화자의 생각을 조직화하고 세밀화시킬 수도 없기 때문이다. 또한 언어를 바탕으로 한 인쇄술의 발전과 지식의 재생산 없이는 지금의 인류의 문명도 존재하지 않았을 것이라고 보기 때문이다. 그렇다면 언어를 어떻게 정의하는 것이 옳을까?

언어는 화자와 청자 간의 의사소통의 도구일 뿐만 아니라 그 언어를 사용하는 모국어 화자의 정신세계를 집약적으로 나타내는 문화의 중요한 한 부분이다. 그리고 더 나아가 인간이 사고하는 과정에 동적으로 작용할 수 있는 인지 과정의 한 부분이라고 말할 수 있다. 즉, 인류가 객관세계인 세상을 바라보는 방식은 각 민족마다 상이한 방식의 모국어라는 프리즘을 통하여 다르게 나타나며, 변별성을 가지게 된다.

2016년에 개봉된 드니 빌뇌브 감독의 〈컨택트〉(원제 Arrival)라는 영화에 보면 언어학자인 여주인공을 통하여 외계 고등생물의 언어를 이해하고 소통하고자 하는 장면이 나온다. 외계 고등생물의 언어는 원이라는 기호체계로서 인식되고 있었는데, 그 언어는 시간이라는 객관세계에 대한 인식이 인간의 언어와 상이한 다른 방식을 가지고 있었다. 즉 인간이 시간이라는 객관세계를 관조하는 방식은 일직선상에서 과거와 현재 미래로 인식되고 있었지만, 외계 고등동물의 언어는 시간의 개념이 순환구조로 인식되고 있었으며, 그 순환구조를 바탕으로 하여 여주인공의 미래도 예측할 수 있게 된다.

상상을 바탕으로 한 이야기이지만 상이한 언어를 매개로 외계 고등동물과 인간의 소통을 주제로 한 이 영화는 언어가 단순히 의사소통의 단계를 넘어서서 인간의 사고 과정에 중요한 역할을 할 수 있음을 말해주는 흥미로운 영화였다. 언어에 대한 이러한 관점은 훔볼트, 바이스게르버의 언어관에서 그 근거를 찾을 수 있는데 그는 언어의 내적 언어 형식은 단순히 화자와 청자의 의사소통의 수단을 넘어서서 모국어 화자가 세상을 바라보고 관조하는 방식을 나타낸다고 언급하고 있다.

훔볼트는 모든 화자의 마음속에 내재적으로 존재하는 창조적인 언어 자체의 활동에 초점을 맞추고, 언어는 단지 문법가의 분석에 의한 죽어 있는 성과물(Ergon, Werk, Erzeugtes)이라기보다는 각 민족마다의 의미적, 문법적 구조인 내적 언어 형식에 기반을 두고 유기체로 판단하여 변화하게 된다고 언급하고 있다.

이 책에서는 이러한 학설에 기반하여 현대국어의 신체 명칭 관련 낱말들을 귀납적으로 살펴보고, 신체 명칭 각각의 어휘구조를 통하여 한국인의 신체라는 객관세계를 어떠한 방식으로 관조하고 있는지 고찰하고자 한다. 사람의 고유한 특성을 전제로 하는 〈신체〉와 관련된 말들은 대부분 고유어를 기본으로 하여 단어의 조성이 이루어지고, 언어공동체의 생활에 깊이 침투되어 그 사용 빈도수가 높으며, 비유적 기능이 강하여 순수한 우리말의 어휘체계를 이해하는 데 중요한 역할을 한다.

또한 '신체'의 '눈', '귀', '코', '귀' 등의 기관은 외부세계를 인식하는 감각기관이라는 점에서 〈신체〉라는 객관세계에 대한 분절구조의 해명은 한 낱말의 의미 구조를 이해하는 것뿐만 아니라 인간이 가진 정신세계의 단면을 더 자세히 보여주는 것이라 할 수 있다. 〈신체〉 분절구조의 〈머리〉, 〈목〉, 〈몸통〉, 〈팔다리〉로 나타나는 각각의 하위분절에 대한 비교도 동일한 객관세계에 대한 다른 관점을 발견한다는 점에서 중요한 의의를 가질 것이다.

미디어 매체의 발달과 IT기술의 집약적인 발전으로 문명은 미래지향적으로 나아가고 있지만 문자 메시지, SNS, 노래 가사 등에서 쓰이는 축약어, 비어, 비표준어 등을 보면 우리말 자체의 고유한 아름다움을 담고 있는 문장들은 일상생활에서 한층 더 찾아보기 힘들어지는 것 같다. 알퐁스 도데의 소설 「마지막 수업」에 아래와 같은 대목이 나온다.

Alors d'une chose à l'autre, M. Hamel se mit à nous parler de la langue française, disant que c'était la plus belle langue du monde, la plus claire, la plus solide: qu'il fallait la garder entre nous et ne jamais l'oublier, parce que, quand un peuple tombe esclave, tant qu'il tient sa langue, c'est comme s'il tenait la clef de sa prison...

한 민족이 다른 민족의 식민지가 된다고 하더라도 모국어를 잘 지키면 감옥에서 열쇠를 가지고 있는 것과 같다는 아멜 선생님의 말처럼, 모국어는 그 민족의 정신세계를 간직하고 반영하며 더 나아가 창의적인 사고와 결과물을 유도해낼 수 있는 동적인 부분이라고 할 수 있다.

이 책은 내가 20여 년 국어학자로서 연구한 한국어를 통해 한국인의 정신세계를 고찰하고자 하는 첫 번째 결실이다. 책을 쓰는 과정은 나 자신을 돌아보면서 나와 대화할 수 있는 귀중한 시간이었다. 책을 준비하는 동안 여러 도움을 주신 은사님들과 선행 연구자들, 부모님, 사랑하는 나의 가족들에게 감사드린다. 그리고 이 책이 출판될 수 있게 지원해주신 푸른사상사의 한봉숙 사장님께도 감사의 마음을 전한다. 마지막으로 부족한 나의 삶에 늘 함께 동행하여주신 하나님께 감사와 찬송을 드린다.

따뜻한 봄날을 기다리며
장은하

제 1 장

훔볼트와 바이스게르버의 언어관

1. 이론적 배경

이 연구는 현대국어의 〈신체〉 명칭 가운데 〈외부〉에 관한 낱말들이 어떠한 모습으로 분절되어 있는가를 '어휘분절구조 이론(Wort-feld-Theorie)'[1]에 입각하여 해명해보기 위하여 시도된다. 이러한 연구는 〈신체〉라는 세계를 바라보는 우리들의 관점을 발견하려는 의의와 해당 명칭 분절의 어휘체계를 발견하려는 의의를 내포하게 된다.

인류에게 있어서 〈신체〉라는 객관세계는 민족마다 각각 상이한 방식과 기준에 의하여 평가되고 관조될 것임에 틀림이 없다. 그러한 시각에서 우리 민족은 〈신체〉[2]에 관하여 어떠한 방식으로 관조하고 있는가를 규명해나가는 것은 언어학뿐만 아니라 인류학에서도 매우 의미 있

---

1 '어휘분절구조이론'은 지금까지 통용되고 있는 '낱말밭', '의미장', '개념장', '어휘장', '언어장', '語野', '文野', '語場' 등의 용어들에 대한 대안으로 마련된 것이다. 이에 대하여는, 배해수, 『한국어와 동적언어이론』, 고려대학교 출판부, 1998, 188쪽 참조.

2 이 논문에서 〈 〉 표시는 표시된 낱말의 특성 또는 관점을 표시하며, [ ]는 사전에 등재되어 있는 낱말을, { }는 사전의 뜻풀이를, '+'는 관점이나 특성이 연이어질 때 사용한다.

는 작업이 될 것이다.

어휘분절구조 이론은 내용 중심의 고찰을 어휘 차원에서 연구한 것인 만큼 이 연구에서 주제를 먼저 선정해야 할 것이다.[3] 주제는 품사별로 선정할 수도 있고, 생물, 무생물로 나누어 설정하는 등 다양한 방법으로 설정할 수 있다. 주제의 선정이 끝나면 자료의 수집을 하게 된다. 자료 수집에는 사전을 이용하는 방법, 텍스트를 이용하는 방법, 말모둠을 이용하는 방법, 설문지를 이용하는 방법 등 다양한 연구가 있으나, 이 연구에서는 한국어의 어휘체계를 거의 다 보여줄 수 있는 최근에 편찬된 사전을 대상으로 자료를 수집하고자 한다. 이 연구는 다음의 사전류를 참조하여 어휘 자료 등을 수집하였다.

① 고려대학교 민족문화연구소,『한국어대사전』, 2009.

② 국립국어연구원,『표준국어대사전』, 2000.

③『漢韓大字典』, 민중서림, 1994.

④ 북한 사회과학원 언어연구소,『조선말대사전』, 1991.

⑤ 신기철 · 신용철 편저,『새 우리말 큰 사전』(상 · 하), 1980.

⑥ 이희승,『국어대사전』, 2017.

⑦ 한글학회,『우리말큰사전』(상 · 하), 1997.

⑧ 김민수편,『금성판국어대사전』, 1996.

---

3 박영순(2004)에서는 한국어의 어휘분절구조의 대상을 여러 기준에 의하여 분류하고 있다. 첫째는 품사별로 분류하고 있으며, 둘째는 사람의 이름, 관계, 신체, 행동, 사고, 직업, 결혼, 성격, 의복, 식문화, 집으로 분류하고 있으며, 셋째는 생물, 무생물로 분류하고 있다.

사전에 등재되어 있는 낱말이라 할지라도 그 낱말이 전문용어냐, 아니면 일상용어냐에 따라서 연구의 대상이 결정된다.[4] 전문용어는 일상용어와 어휘의 구조화가 다르게 이루어지기 때문에 이 연구에서는 원칙적으로 제외하였으나 사전에서 전문용어라고 등재되어 있을지라도 통시론적인 변화의 과정을 겪어 일상생활에서 쓰이고 판단되는 경우는 이 연구에서 다루었다. 특히 신체에 관계된 낱말의 경우 이러한 경우가 다른 분절구조에 비하여 월등히 많았다.[5] 또 한자어 그 자체로는 하나의 의미를 나타내지만 쓰임에 있어서 독자적으로 쓰이지 못하는 [목:目], [안:眼], [이:耳]와 같은 단어는 이 연구에서는 제외하였다.

〈신체〉는 {사람의 몸}을 뜻하는 것으로, 〈신체〉의 구조는 외부와 내부의 근육계, 골격계, 순환계, 내장계, 소화기계 등으로 나누어진다.[6] 이 연구에서는 〈신체〉의 외부에 초점을 맞추어 자료를 선정하고 관점을 발견하게 될 것이다. 자료의 수집이 완료되면 개개의 어휘에 대해 사전에서의 뜻풀이를 중심으로 그 속에 내재해 있는 특성을 분석하게 된다. 이 특성의 발견과 함께 특성에 대한 명명인 메타언어의 선정을

---

4   코세리우(1966)에서는 과학 및 기술상 등의 전문용어는 일상적인 낱말과 같은 방식으로는 어휘의 구조화가 이루어지지 않았다고 하면서 전문용어와 일상용어의 구분을 전제로 하였다. 또 그는 전문용어가 통시태의 관점에서 일상적인 낱말이 될 수도 있고 그 반대로 일상용어가 전문용어가 될 수도 있다는 점에서 언어공동체의 정치, 사회사, 종교사, 정신사, 문화 등을 알아두는 것도 중요하다고 하고 있다. 이에 대하여는 E. Coseriu, *Einführung in die strukturelle Betrachtung des Wortschatzes*, 1966.『현대의미론의 이해』, 허발 역, 국학자료원, 1997, 허 18~19쪽 참조.

5   예를 들면 '명치', '관절', '흉부', '가슴' 같은 낱말은 의학 전문용어이지만, '명치 끝이 아프다', '관절이 쑤시다', '흉부외과', '가슴이 크다'에서처럼 일상생활에서 자연스럽게 쓰이고 있다.

6   강기선 외, 『인체해부학』, 고문사, 2001, 1~2쪽 참조.

하게 된다. 메타언어의 선정은 연구자의 인식과 접근방법에 따라서 다르게 나타날 수 있고, 같은 연구자일지라도 연구할 때마다 다르게 나타날 수 있다. 이 연구에서는 이러한 분절구조의 문제점을 보완하기 위하여 〈신체〉의 각 분절구조에 대한 메타언어 선정 시 통일성과 일관성을 유지하려고 하였다.[7]

　이 연구에서는 이러한 작업의 기초가 되는 작업의 순서로, 1장에서는 〈신체〉라는 객관세계에 내재된 한국인의 세계관을 고찰하기 위한 이론적 배경과 이 분야에서 진행된 연구 성과에 대하여 살펴볼 것이다. 2장에서는 〈신체〉 명칭 분절의 기본구조를 다룰 것이며, 3장에서는 〈전체〉 중심의 객관세계에 내재된 한국인의 세계관을 고찰할 것이다. 4장에서는 〈머리〉 명칭의 객관세계를, 5장에서는 〈목〉 명칭 객관세계를, 6장에서는 〈몸통〉 명칭 객관세계를 살펴볼 것이며, 7장에서는 〈팔다리〉 명칭 객관세계를 고찰하고, 8장에서는 〈신체〉 명칭 객관세계에 내재된 한국인의 세계관에 대하여 포괄적으로 고찰할 것이다.

2. 훔볼트와 바이스게르버의 언어관

바이스게르버(L. Weisgerber)의 동적언어이론은 훔볼트의 언어사상을 체계화한 것인데 그는 인도네시아 자바섬의 카비(Kawi)어에 대한 연구를 통하여 언어의 다양성과 인간 사상의 다양성을 추구하였다.[8] 그는

7　신체의 각 분절구조에 있어 공통적으로 선정되는 메타언어는 〈상태〉, 〈인식방식〉, 〈주체〉, 〈성질〉, 〈위치〉 등이 있다.

8　M.Ivić, *Trends in Linguistics*, Mouton/Co. N. V. Publishers, 1970, p.47 참조.

언어의 보편적 생산기능에만 국한하지 않고 언어가 지니는 제2의 본질적 양상으로서 역사와 사회까지도 끌어들이고 있다.[9] 그의 이론의 핵심은 '에네르게이아(energeia)', '내적 언어형식(innere Sprachform)', '세계관(Weltansicht)'이라는 용어에 잘 나타나고 있다. 훔볼트는 모든 화자의 마음속에 내재적으로 존재하는 창조적인 언어 자체의 활동에 초점을 맞추고, 언어는 단지 문법가의 분석에 의한 죽어 있는 성과물(Ergon, Werk, Erzeugtes)이라기보다는 언어 자체의 창조적인 활동(Energeia, Tätigkeit, Erzeugung)이라고 말하고 있으며, 또한 이러한 언어 자체의 창조적인 활동은 각 민족마다의 의미적, 문법적 구조인 내적 언어형식에 기반을 두고 유기체로서 변화하게 된다고 말하고 있다.[10]

모국어 공동체의 각 개인은 언어가 인간에게 제공해주는 대로 태어날 때부터 지각하고 행동하게 되며, 모국어 속에 내포되어 있는 지닌 세계에 대한 사전 이해(Vorverständnis)를 통하여 사물을 포착해내는 방식을 터득한다.[11]

바이스게르버에 의하면 인간의 내면세계와 외부세계의 사물 사이에 '중간세계'라는 것이 설정되고, 언어공동체의 각 구성원은 이러한 중간세계를 통해서만이 객관세계를 관조할 수 있다고 한다. 즉 일정한 세계관을 가진다는 것은 언어공동체와 외부세계의 사물 사이의 중간세

---

9   이러한 점은 화자와 청자 간의 추상적 언어능력에 기반을 둔 촘스키(Chomsky)의 언어이론과 구별되는 점이다. 이에 대하여는 이성준, 「빌헬름 폰 훔볼트와 현대의 언어이론」, 『인문대논집』 13, 고려대학교 인문대학, 1995, 279쪽 참조.

10 R.H. Robins, *A Short History of Linguistics*, Longman inc, New York, 1992, pp.192~196 참조.

11 Wilhelm Luther, *Weltansicht und Geistesleben*, Göttingen. Vandenhoeck &Ruprecht, 1954, p.10 참조.

계를 설정한다는 것이며, 이러한 중간세계는 언어공동체와 민족이 주체가 되어 개개인의 의식과 외부세계를 연결 짓는 통로자의 역할을 하고 있는 것이다. 이러한 점에서 '언어적 중간세계'는 '모국어적 중간세계'이며 '정신적 중간세계'라고 말할 수 있다.[12] 중간세계의 설정은 동일한 객관세계에 대한 언어화가 여러 나라마다 다르다는 점과 동일한 언어라 할지라도 인간생활에 있어서의 친근감의 정도에 따라 분절 방식이 상이하다는 것으로 증명이 될 수 있을 것이다.

바이스게르버는 별자리 '오리온'을 보기로 제시하면서 정신적 중간세계의 본질에 대해 해명한 바 있다. 즉 하늘에는 실제로 무수한 수의 별들만이 존재하고 어떠한 질서나 어떠한 별자리도 존재하지 않지만, 우리 인간의 의식 속에서 정신적인 대상물로 별자리가 인식되어 오리온 별자리가 존재한다고 말하고 있다.[13] 바야흐로 세계관은 이 정신적 중간세계를 통해서 형성된다. 이러한 중간세계의 개념은 언어의 간주관적인 층위(intersubjektiven)와 세계중개적인 층위(weltvermittelnde)에서 나타나게 된다.[14]

세계관을 결정 짓는 주체인 정신의 형성에는 자연적인 조건과 인위적인, 곧 문화적인 조건이라는 두 가지의 차원이 개입하는데 정신적인 중간세계에서 최종적으로 도달하게 되는 지점인 '인류'는 한 개인을 의미하는 것이 아니고, 그렇다고 인류 전체를 의미하는 것도 아니

---

12 이에 대하여는 G. Helbig, *Geschichte der neueren Sprachwissenschaft*, 1974. 『언어학사』, 임환재 역, 경문사, 1995, 159쪽 참조.

13 위의 책, 160쪽 참조.

14 Dietrich Benner, *Wilhelm von Humboldts Bildungstheorie*, Juventa Verlag Weinheim und München, 1990, p.127 참조.

며, 그 언어를 모국어로 사용하는 인류의 총괄 개념으로서 파악되는 언어공동체로 귀결된다.[15] 영어의 'meaning'은 프랑스어에서는 문맥에 따라 'signification'이나 'sens'로 번역될 수 있는 경우가 있고 그렇지 못한 경우도 있다. 독일어에서의 'Bedeutung'과 'Sinn' 사이의 구별은 영어의 'meaning', 'sense' 사이의 구별과 일치하지 않는다. 이것도 물론 중간세계의 차이에서 기인하는 것이다. 또 에스키모인의 언어에서는 〈눈〉이 그들의 생활에 있어서 중요한 문화적 항목이기 때문에, 〈가루눈〉, 〈젖은 눈〉, 〈큰 눈〉의 구별이 발견되고 있으며, 오스트리아어에는 'sand'에 관한 낱말이 여러 개로 분절되어 나타나고 있다. 또 동기 관계(형제자매 관계)라는 말의 경우, 말라야말과 터키말은 각각 /saudara/, /kardes/ 라는 단일 형태로만 표현하고, 영어는 /brother-sister/, 독일어는 /Bruder-Schwester/라는 두 형태의 관계로 표현하고 있다. 한국어의 경우는 동기 관계에 관한 한, 성의 구별, 상하의 구별뿐만 아니라, 성에 따른 상대적인 관계까지도 관심의 대상으로 삼고 있다. 남자의 윗사람이라도 남자 측에서 보면 '누나'이지만, 여자 측에서 보면 '언니'이기 때문이다.[16] 이처럼 중간세계는 그 나라 언어공동체의 고유하고 독자적인 언어형태로 나타나고 있다.

바이스게르버는 이러한 중간세계 이론을 바탕으로 언어의 전 영역을 포괄할 수 있는 언어 연구의 4단계를 설정하였다. 즉, 바이스게르버는 언어 연구를 일차적으로 문법적 조작의 정적인 고찰과 언어학적 조작의 동적 고찰로 크게 나누고 있다. 문법적 조작의 정적인 고찰은 다

---

15 배해수, 「동적언어이론의 이해」, 한국어내용학회, 『한국어내용론』 3, 국학자료원, 1995, 20~21쪽 참조.
16 위의 책, 19쪽 참조.

시 '기능'과 '의미'(Funktion, Beudeutung)를 그 주된 개념으로 하는 형태 중심의(gestaltbezogen) 고찰과 '내용(Inhalt)'을 그 주된 개념으로 하는 내용 중심의(inhaltbezogen) 고찰, 언어학적 조작의 동적 고찰은 '포착'(Zugriff)을 그 주된 개념으로 하는 직능 중심의(leistungbezogen) 고찰과 '타당성(Geltung)'을 그 주된 개념으로 하는 작용 중심의(wirkung-bozogen) 고찰로 각각 분류함으로써 궁극적으로 4단계 연구 과정을 설정하고 있다.[17]

　형태 중심 고찰의 주요 대상은 언어의 음성적 및 감각적인 측면으로 '내용' 측면에 대한 형태 중심의 전망을 하게 되며 이러한 전망은 관계 개념인 의미(Beudeutung)로서 나타나게 된다. 내용 중심의 고찰에서는 언어의 정신적인 측면(geistig), 즉 내용을 내용 자체의 관점에서 해명하고 있는데, 바이스게르버는 언어 요소의 내용을 단순히 음성 측면과 대립하는 것으로서가 아니라, 인간과 객관세계 사이에 설정될 수 있는 정신적인 중간층의 사유 구성체(Gedankengebilde)로서 간주하고 있다.[18] 직능 중심의 고찰에서는 민족마다의 고유한 정신을 언어 자체에 끌어들이게 됨으로써 세계를 언어화하는 '포착(Zugriff)'의 과정을 거치게 되며, 작용 중심의 고찰에서는 이러한 포착된 결과물의 타당성이 모국어 공동체에 의하여 검증을 받게 된다. 형태 중심의 고찰과 내용 중심의 고찰은 정적인 고찰의 에르곤이며, 직능 중심의 고찰과 작용 중심의 고찰은 동적인 고찰의 에네르게이아이다.

　동적언어이론에서는 어휘론 · 조어론 · 품사론 · 월구성안(통어론)

17　정시호, 『어휘장이론 연구』, 경북대학교 출판부, 1994, 56~64쪽 참조.
18　김재영, 『성능중심 어휘론』, 국학자료원, 1996, 4~6쪽 참조.

등 네 가지 부문의 문법에 대한 연구가 고유의 목표가 된다.[19] 바이스게르버에 의하여 인식된 두 개의 언어단위 가운데 하나인 낱말의 단위는 어휘론과 조어론으로 하위 분류되며, 다른 하나인 월의 단위는 품사에 대한 이론과 월구성안에 대한 이론으로 다시 하위 분류된다. 그 가운데 내용 중심의 고찰을 어휘 차원에서 연구한 것이 '어휘분절구조 이론(Wortfeld-Theorie)'이다.

3. 연구 약사

한국에 동적언어이론이 소개된 것은 1970년대부터이다. 한국에서 동적언어이론의 전개와 발달은 1970년대, 1980년대, 1990년대 이후로 나누어 살펴볼 수 있다. 1970년대에는 허발(1972)의 「Leo Weisgerber」를 계기로 신익성(1974)의 「바이스게르버의 언어이론」 허발(1974)의 「Weisgerber—특히 그의 언어관, 언어이론과 그것에 대한 비판에 대하여」, 허발(1976)의 「Weisgerber에 의한 어휘의 분절구조이론(Wortfeld-theorie)의 동적 고찰에 대하여」, 김성대(1977)의 「조선시대의 색채어 낱말 분절구조에 대하여—Leo Weisgerber의 이론을 바탕으로」, 김성대(1979)의 「세계의 언어화에 대하여」, 배해수(1979)의 「바이스게르버의 언어공동체 이론에 대하여」가 나타나고 있다. 1970년대의 특징은 동적언어이론의 소개와 한국어에 그 이론의 적용이 처음 시도되었다는 점이다.

1980년대에는 배해수(1981)의 「현대국어의 생명종식어에 대한 연

---

19 배해수, 「한국어와 동적언어이론」, 고려대학교 출판부, 1988, 162쪽 참조.

구-자동사적 표현을 중심으로」를 연구의 기점으로 삼아 현대국어의 〈맛 그림씨〉, 〈냄새 형용사〉, 〈나이 그림씨〉, 〈거리 그림씨〉, 〈길이 그림씨〉, 〈넓이 그림씨〉, 〈크기 그림씨〉, 〈부피 그림씨〉, 〈관계 그림씨〉, 〈빈부 그림씨〉, 〈명암 그림씨〉, 〈성격그림씨〉 등의 연구가 진행되었으며, 신차식(1983)의 「한·독 직업 명칭에 대한 비교 연구」, 이성준(1984)의 「L. Weisgerber의 월구성안에 대한 연구」, 이성준(1986)의 「통어적 언어수단의 정신적 타당성에 관한 소고」, 강상식(1987)의 「현대국어의 집짐승 이름씨에 대한 연구」, 허발(1988)의 「내용중심문법」, 장기문(1988)의 「현대국어의 물 이름에 대한 고찰」, 이성준(1989)의 「Leo Weisgerber의 동적언어관에 대하여」, 이성준(1989)의 「Leo Weisgerber의 통어론에 대한 연구」, 이성준(1989)의 「성능중심 언어연구 전반에 대한 고찰」이 나타나고 있다. 1980년대의 특징은 1970년대에서 깊이 다루어지지 않았던 한국어에 대한 연구와 월구성안에 대한 연구, 직능 중심의 연구가 좀 더 심도 있고 활발하게 이루어졌다는 점과 또 한국어와 독일어 비교를 통한 연구가 나온 점이라고 할 수 있다.

1990년대 이후의 연구는 동적언어이론 자체의 연구뿐만 아니라 한국어의 연구에서도 1970년대, 1980년대와는 비교가 되지 않을 정도로 많은 성과물이 나왔다. 배해수(1990)의 「〈딸〉 명칭에 대한 고찰」을 시작으로 〈친척〉 명칭에 대한 연구가 활발히 이루어졌으며, 배해수(1994)의 〈나이〉, 배해수(1994)의 〈도덕〉, 배해수(1994)의 〈달〉 명칭, 배해수(1994)의 개화기 교과서의 〈어버이〉 명칭에 대한 연구, 배해수(1995)의 〈봄〉, 〈여름〉, 〈가을〉, 〈겨울〉 등에 대한 연구가 계속적으로 나왔으며, 또 중국어를 대상으로 한 연구로 남궁양석(1996)의 「〈붕우(朋友)〉 명칭에 대한 고찰」, 박기숙(1993)의 「〈모친(母親)〉 명칭에 대한 고찰」이 있다. 동적언어이론에 대한 포괄적인 연구서인 배해수(1998)의『한국어와 동적언어이론』이 단행본으로 간행되었으며, 이성준(1991)의「현대 언어학에 미친 빌헬름 폰 훔볼트의 영향」, 이성준(1995)의「빌헬름 폰 훔볼트와 현대의 언어이론」에서는 훔볼트의 언어이론과 촘스키의 생성문법과의 관련성에 대하여 언급하고 있다. 안정오(1995)의「낱말밭과 언어습득의 상관성」에서는 2차 언어습득과 낱말밭 이론의 관련성에 대하여 언급하고 있으며, 정시호(1994)의「어휘장이론 연구」에서는 최근의 인지언어학과 컴퓨터언어학과의 접목을 다룬 어휘분절구조 이론에 대하여 소개하고 있다.[20]

2000년대 이후에는 모국어에 내재된 객관세계 연구가 명사의 범위를 벗어나 감탄사, 방언, 형용사, 부사, 문학작품 등의 영역으로 확대되었다. 최호철(2000)의 〈감탄사〉 분절구조 연구에서는 품사에서 처음으로 감탄사의 영역을 다루었다.

시정곤(2000)의「분절구조의 몇 가지 문제」에서는 ① 계층성 ② 통일성 ③ 다양성으로 나누어 분절구조의 문제점을 포괄적으로 지적하고 있다. 장기문(2000)의「〈여자〉 명칭의 분절구조 연구」, 정태경(2001)의「〈김치〉 명칭 분절구조 연구」, 배성우(2001)의「〈탈것〉 명칭의 분절구조 연구」, 손숙자(2002)의「〈말〉 명칭 분절구조 연구」, 오새내(2002)의「동적언어이론을 바탕으로 한 한국어 시소러스 – 한국어 명칭사전 편찬 방향에 관하여」, 김연심(2003)의「〈시각행위〉 명칭의 분절구조 연구」,

---

20 이러한 연구의 흐름은 루차이어(Peter Rolf Lutzeier)의「인지적 방향목표로서의 어휘장」, 뮐러(Müller)의「어휘장 이론과 인지심리학」, 레러(A. Lehrer)의「의미장과 프레임 : 이 양자는 대립적인가?」등의 논문에서 나타나고 있다. 이에 대하여는 정시호,『어휘장이론 연구』, 경북대학교 출판부, 1994, 280~291쪽 참조.

배성훈(2003)의 「현대국어의 〈길〉 명칭 분절구조 연구」, 배성훈(2006) 의 『현대국어의 내용이해』 등의 논저가 있다. 김응모(2011)의 고려가요 의 낱말밭 연구, 유예지(2011)의 「낱말밭을 활용한 어휘교육방법연구」, 이기동·배성훈(2013)의 「방언 어휘 분절구조 발견을 위한 조사방법론 고찰」, 최호철(2013)의 『의미자질기반 현대 한국어 낱말밭 연구』에서처 럼 그 영역을 세분화하고 확대하고 있다.

1990년대, 2000년대 이후 연구의 특징으로는 어휘분절구조 이론의 연구가 명사에만 국한되지 않고 동사나 형용사, 감탄사에도 적용되는 논문이 나왔다는 점과 통시적 관점에서 분절구조의 변화를 다룬 논문 이 나왔다는 점, 그리고 동적언어이론 자체에 대한 포괄적인 연구가 이 루어진 점, 인지언어학이나 컴퓨터 언어학과 접목된 어휘분절구조 이 론의 응용이 시도된 점을 들 수 있을 것이다. 이러한 점은 최근 국어학 학문의 흐름이 국어 정보화에 있다고 할 때 기존의 어휘분절구조 이론 의 직접적인 활용 방안을 모색한다는 점에서 의의가 크다고 할 수 있을 것이다.

지금까지 살펴본 연구 성과물 중 〈신체〉 명칭 관련 어휘분절구조 연 구는 김성환(1995)의 「〈코〉 명칭에 대한 고찰」, 오명옥(1995)의 「〈눈〉 명칭의 낱말밭」이 있으며, 배도용(1997)의 「한국어 머리(頭髮) 낱말밭의 내용분석」이 있다.[21]

김성환(1995)의 「〈코〉 명칭에 대한 고찰」에서는 〈코〉 명칭이 〈얼굴〉

---

21 다의어의 관점에서 신체어의 의미확장을 다룬 연구로 배도용(2001)의 「우리말 신체어의 의미 확장」(부산대학교 대학원 박사학위 논문)연구가 있으며, 신체 어의 형성과정을 통시적인 관점과 공시적인 관점에서 연구한 논문으로 이경자 (1999)의 「우리말 신체어 형성」이 있다.

구성요소인 〈입〉, 〈귀〉, 〈눈〉 등과 대립관계에 있다고 하면서, {오관기(五官器)의 한 가지}라는 의미를 대상으로 〈코〉의 분절구조를 보여주고 있다. 〈코〉 명칭의 분절구조는 〈외형〉과 〈성질〉로 상위분절되는 양상을 보여주고 〈외형〉에 따른 분절은 〈크기〉와 〈균형〉으로, 〈크기〉에 따른 분절은 〈길이〉, 〈넓이〉, 〈부피〉로, 〈균형〉은 〈정도〉와 〈색채〉로 하위분절되고 있다. 〈성질〉에서는 〈인식〉과 〈질병〉으로 하위분절되고 있다. 오명옥(1995)의 「〈눈〉 명칭의 낱말밭」에서는 〈눈〉의 사전적 정의 중 {빛의 자극을 받아 물체를 볼 수 있는 감각기관}이라는 뜻풀이를 대상으로 하여 〈외형〉과 〈상태〉와 〈소유자〉로 상위분절되고 있다. 〈외형〉 분절은 〈색〉, 〈개수〉, 〈크기〉, 〈생김새〉로, 〈상태〉 분절은 〈눈물어림〉, 〈총기〉, 〈정상〉, 〈비정상〉, 〈행위〉로 하위분절되고 있다. 〈소유자〉는 〈일반사람〉, 〈다수〉, 〈불교〉로 하위분절되고 있다. 이러한 분절구조의 특성은 본론에서 다루어질 신체의 〈눈〉과 〈코〉 분절과 메타언어 선정에 있어 상당한 차이가 나고 있다.

이러한 문제점은 다양한 연구자를 통한 메타언어의 검증과 〈신체〉의 각 부분에 대한 분절구조와의 비교를 통하여 일관성을 유지할 수 있을 것이다. 언어 연구의 의의는 어휘체계의 발견에만 있는 것이 아니라, 민족마다의 정신세계를 해명하는 데 있는 것으로, 각각의 분절에 관여하는 관점과 그것들의 상호 교차에 대한 고려는 모국어적 민족정신, 민족마다의 세계관 해명에 있어서 관건이 될 것이다.

제 2 장

〈신체〉 명칭 객관세계의 기본구조

'신체'는 동물의 몸이 아닌 사람의 몸을 나타내는 것으로, 사람이 다른 포유동물과 다른 가장 큰 특징은 두 발로 서서 생활하는 두발동물(biped)이라는 점과 대뇌가 발달되어 높은 지능(high intelligence)을 가지고 있다는 점이다.[1]

　이러한 사람의 고유한 특성을 전제로 하는 〈신체〉와 관련된 말들은 대부분 고유어를 기본으로 하여 단어의 조성이 이루어지고, 언어공동체의 생활에 깊이 침투되어 그 사용 빈도수가 높으며, 비유적 기능이 강하여 순수한 우리말의 어휘체계를 이해하는 데 중요한 역할을 한다. 또한 '신체'의 '눈', '귀', '코', '귀' 등의 기관은 외부세계를 인식하는 감각기관이라는 점에서 〈신체〉라는 객관세계에 대한 분절구조의 해명은 한 낱말의 의미구조를 이해하는 것뿐만 아니라 인간이 가진 정신세계의 단면을 더 자세히 보여주는 것이라 할 수 있다.

　〈신체〉 분절구조의 〈머리〉, 〈목〉, 〈몸통〉, 〈팔다리〉로 나타나는 각각의 하위분절에 대한 비교도 동일한 객관세계에 대한 다른 관점을 발견한다는 점에서 중요한 의의를 가질 것이다.

1　백상호, 『해부학총론』, 군자출판사, 2000, 13~14쪽 참조.

이러한 〈신체〉 분절구조의 특성에 해당하는 원어휘소(Archilexem)에 대해 (1), (2), (3), (4)로 그 특성을 살펴보면 다음과 같다.

(1) 신체(身體)

(2) 몸

(3) 육(체)(肉體)

(4) 육신(肉身)

(1)은 {사람의 몸}으로 풀이된다. (2)는 {사람이나 동물의 형상을 이루는 전체}로 풀이된다. (1)과 (2)는 부분적으로 같은 내용을 문제삼고 있지만 분포상에서 서로 다른 차이점을 보이고 있다. 즉, (1)은 사람에게만 적용되는 표현이며, (2)는 사람과 동물 모두에 적용되는 표현이다. 또, '신체가 아프다'라는 말보다는 '몸이 아프다'라는 말이 더 자연스럽고, '몸의 자유'보다는 '신체의 자유'가 더 자연스러운 것으로 보아 (2)는 (1)보다는 구어적인 표현에 쓰이는 것으로 추정된다.

(3)은 {구체적인 물체로서 사람의 몸}으로 풀이되면서 〈몸〉이라는 특성을 문제삼고 있다. (4)도 (3)과 마찬가지로 {구체적인 물체로서 사람의 몸}으로 풀이된다.

(3)과 (4)는 거의 같은 문맥에서 골고루 쓰이고 있는 것으로 보아 같은 특성을 문제삼고 있는 것으로 추정되지만, [육체(肉體)]는 [육신(肉身)]보다는 '정신'에 상대적인 개념으로 쓰이는 것으로 추측된다. 예를 들면 '육신과 정신의 조화'라는 문구보다는 '육체와 정신의 조화'가 더 자연스러운 것으로 보이기 때문이다. 그리고 [육신(肉身)]은 비하의 의미가 더 첨가되어 있는 것으로 보이기도 한다. 예를 들면 '육신을 놀리

다', '육신이 멀쩡하다',[2] '그의 영혼은 이미 소멸되었으며 살아 움직이고 있는 것은 거추장스러운 육신뿐이었다.'[3]의 예에서 추측되는 바와 같이 [육신(肉身)]은 [육체(肉體)]보다도 더 비하의 의미가 첨가되어 있는 것으로 보인다. 또, (3)과 (4)는 〈구체적 물체의 강조〉라는 특성을 첨가함으로써 (1), (2)와 위상적 가치를 달리하는 것으로 이해할 수 있다.

위의 네 낱말들을 원어휘소로 하는 〈신체〉 명칭 분절은 귀납적으로 발견된 사실이지만, 그 아래로 〈외부〉와 〈내부〉로 분절되어 있다. 이 가운데 이 연구에서 대상으로 삼고 있는 〈외부〉는 다시 〈전체〉와 〈부위〉가 관조의 대상이 되어 있다. 〈전체〉는 그 아래로 〈상태〉, 〈인식방식〉, 〈성질〉에 의하여 분절되어 있으며 〈부위〉는 그 아래로 〈머리〉, 〈목〉, 〈몸통〉, 〈팔다리〉에 의한 〈사분법〉이 관조의 대상이 되어 있다.[4] 이러한 〈신체〉 명칭의 기본구조를 도식화하면 [그림 1]과 같다.

---

2   이기문 감수, 『동아 새국어사전』, 동아출판사, 1989, 1557쪽 참조.
3   국립국어연구원, 『표준국어대사전』, 두산동아, 2000, 4820쪽 참조.
4   〈신체〉의 〈부위〉는 신체의 허리 위와 아래를 나타내는 〈상하〉, 신체의 앞면과 뒷면을 나타내는 〈전후〉, 겉과 속을 나타내는 〈이분법〉이 관조의 대상이 되기도 한다.

[그림 1] 〈신체〉 명칭의 기본구조

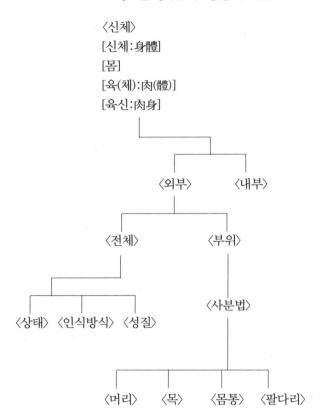

〈신체〉
[신체:身體]
[몸]
[육(체):肉(體)]
[육신:肉身]

〈외부〉　　〈내부〉

〈전체〉　　〈부위〉

〈상태〉〈인식방식〉〈성질〉

〈사분법〉

〈머리〉　〈목〉　〈몸통〉〈팔다리〉

제 3 장

〈전체〉 중심의 어휘구조에 반영된 한국인의 세계관

〈신체〉의 〈전체〉의 분절은 〈상태〉, 〈성질〉, 〈인식방식〉에 의하여 하위분절되어 있다. 그 내용을 살펴보면 다음과 같다.

1. 〈상태〉 중심의 분절구조

〈신체〉의 〈전체〉 중 〈상태〉 분절구조는 〈모양〉, 〈착용〉, 〈소유〉, 〈병〉, 〈생존〉에 의하여 하위분절된다.

(5) 온몸
(6) 전신(全身)
(7) 혼신(渾身)

(5)는 {몸 전체}로 풀이되면서 〈신체＋전체〉의 특성을 문제삼고 있다. (6)도 {온몸}으로 풀이되면서 (5)와 같은 특성을 문제삼고 있다. (7)은 {온몸}으로 풀이되면서 정신적인 측면이 더 첨가되어 〈신체＋전체＋정신의 강조〉라는 특성을 문제삼고 있다. 왜냐하면 '혼신(渾身)'의 힘을

다하여 뛰다'라는 예문에서처럼 단순히 육체 그 자체의 힘이 아니라 정신과 육체의 조화를 이룬 힘의 의미를 추측해낼 수 있기 때문이다.

(8) 전구(全軀)

(9) 만신(滿身)

(8)도 {온몸}으로 풀이되면서 (6)과 같은 특성을 문제삼고 있다. (9)는 {온몸}으로 풀이되지만 '만신창이가 되다'에서 보여주는 것처럼 그 쓰임이 거의 부정적인 표현에 한정되어 있다.[1]

(10) 체격(體格)

(11) 허우대

(12) 자체(姿體)

(10)은 {근육, 골격, 영양 상태 따위로 나타나는 몸 전체의 외관적 형상}으로 풀이되면서 〈신체＋상태＋모양〉의 특성을 문제삼고 있다.[2] (11)은 {겉으로 드러난 체격}으로 풀이되면서 〈신체＋상태＋모양〉의 특성을 문제삼고 있다. 이 낱말은 입말에서 많이 쓰이고 있다. (12)는 {몸의 모양}으로 풀이되면서 위의 단어들과 마찬가지로 〈신체＋상태＋모양〉의 특성을 공통적으로 가지지만 이 단어는 입말에서 거의 쓰이지 않고 있다.[3]

---

1 [오체(五體)], [사지백체(四肢百體)], [사지육체(四肢肉體)]도 같은 특성을 문제삼고 있다.

2 [체골(體骨)], [형격(形格)]도 같은 특성을 문제삼고 있다.

3 사람에 한정된 것은 아니지만 {불품없는 모양새}를 나태내는 낱말로 [몰골]이

(13) 몸맵시

(14) 몸매

(15) 몸꼴

(16) 몸태(-態)

(17) 자태

(13)은 {몸을 보기 좋게 매만진 모양}으로 풀이되면서 〈신체＋상태＋모양＋맵시의 강조〉의 특성을 문제삼고 있다. (14), (15), (16)은 {몸의 생긴 맵시나 모양새}로 풀이되면서 〈신체＋상태＋모양＋맵시〉의 특성을 문제삼고 있다. (17)은 {어떤 모습이나 모양}으로 풀이된다. 이 낱말은 여성의 고운 맵시나 태도에 주로 한정되어 나타나고 있다. 그러므로 이 낱말의 특성은 〈신체＋상태＋모양＋맵시의 강조＋주체＋여성〉의 특성을 문제삼고 있다.

(18) 장신(長身)

(19) 장구(長軀)

(18), (19)는 {키가 큰 몸}으로 풀이되면서 〈신체＋상태＋모양＋크기＋길이＋깊〉의 특성을 문제삼고 있다.

(20) 단신(短身)

(21) 단구(短軀)

있다.

(20), (21)은 {작은 키의 몸}으로 풀이되면서 〈신체＋상태＋모양＋크기＋길이＋짧음〉의 특성을 문제삼고 있다.

(22) 팔등신(八等身)
(23) 팔두신(八頭身)

(22), (23)은 {키가 얼굴 길이의 여덟 배가 되는 몸}으로 풀이되면서 〈신체＋상태＋모양＋크기＋길이＋균형〉의 특성을 문제삼고 있다. (23)은 입말에서 거의 쓰이지 않고 있다.

(24) 몸집
(25) 덩치
(26) 체구(體軀)
(27) 걸때

(24)는 {몸의 부피}로 풀이되면서 〈신체＋상태＋모양＋크기＋부피〉의 특성을 문제삼고 있다. (25), (26)은 {몸집}으로 풀이되면서 (24)와 같은 특성을 문제삼고 있다.[4] (27)은 {사람의 몸집이나 체격}으로 풀이되면서 〈신체＋상태＋모양＋크기＋부피〉의 특성을 문제삼고 있다. 이 분절은 〈상태〉의 〈모양〉 분절에도 함께 관여하고 있다.

(28) 거구(巨軀)

4　[신구(身軀)], [형구(形軀)]도 같은 특성을 문제삼고 있다.

(28)은 {거대한 몸집}으로 풀이되면서 〈신체＋상태＋모양＋크기＋부피＋큼〉의 특성을 문제삼고 있다.

(29) 수신(瘦身)

(29)는 {마르고 야윈 몸}으로 풀이되면서 〈신체＋상태＋크기＋부피＋작음＋마르고 야윔〉의 특성을 문제삼고 있다.

(30) 알몸
(31) 맨몸
(32) 나신(裸身)
(33) 나체(裸體)
(34) 누드

(30)은 {아무것도 입지 않은 몸}으로 풀이되면서 이 낱말들은 〈신체＋상태＋착용＋입지 않음〉의 특성을 문제삼고 있다. (31), (32), (33)도 {알몸}으로 풀이되면서 (29)와 같은 특성을 문제삼고 있다. (31)의 맨몸은 {아무것도 지니지 아니한 몸}이라는 특성도 같이 문제삼고 있다. (34)는 {회화, 조각, 사진, 쇼 따위에서 사람의 벌거벗은 모습}으로 풀이되면서 〈신체＋상태＋착용＋입지 않음＋용도＋회화·조각·사진·쇼〉의 특성을 문제삼고 있다.

(35) 전라(全裸)
(36) 반나(체)(反裸體)

(35)는 {옷을 아무것도 입지 않은 맨몸}으로 풀이되면서 〈신체＋상태＋착용＋입지 않음〉의 특성을 문제삼고 있다. (36)은 {거의 나체에 가깝게 벌거벗은 몸}으로 풀이되면서 〈신체＋상태＋착용＋거의 벗음〉의 특성을 문제삼고 있다. (35)와 (36)은 계단대립을 이루고 있다.

(37) 건강체(健康體)

(38) 병구(病軀)

(39) 병체(病體)

(37)은 {병이 없고 튼튼한 몸}으로 풀이되면서 〈신체＋상태＋병＋없음〉의 특성을 문제삼고 있다. (38), (39)는 {병든 몸}으로 풀이되면서 〈신체＋상태＋병＋있음〉의 특성을 문제삼고 있다.

(40) 산몸

(41) 생체(生體)

(40)은 {산 몸}으로 풀이되면서 〈신체＋상태＋생존 여부＋살아 있음〉의 특성을 문제삼고 있다. (41)도 {산 몸}으로 풀이되면서 (41)과 같은 특성을 가지고 있지만 쓰임에 있어서는 독자적으로 쓰이지 않고 '생체실험' 같은 복합어에 한정되어 나타나고 있다.

(42) 노구(老軀)

(43) 노골(老骨)

(44) 노체(老體)

(45) 노신(老身)

(42), (43), (44), (45)는 {늙은 몸}으로 풀이되면서 〈신체＋상태＋생존 여부＋살아 있음＋늙음〉의 특성을 문제삼고 있다.

(46) 시신(屍身)

(47) 시체(屍體)

(48) 시구(屍軀)

(49) 송장

(50) 주검

(51) 사체(死體)

(46), (47), (48), (49)는 {죽은 사람의 몸}을 이르는 말로 풀이되면서 〈신체＋상태＋생존 여부＋죽음〉의 특성을 문제삼고 있다. (49)는 [시신(屍身)], [시체(屍體)], [시구(屍軀)]에 비하여 '송장 때리고 살인났다', '송장을 치다'[5]처럼 은유적 표현에 많이 쓰이고 있다. (50)은 {죽은 사람의 몸}을 이르는 말로 풀이되면서 위의 단어들과 마찬가지로 〈신체＋상태＋생존 여부＋죽음〉의 특성을 문제삼고 있다. (51)은 {사람 또는 동물 따위의 죽은 몸뚱이}로 풀이되면서 (50)과 같은 특성을 문제삼고 있지만,[6] 이 낱말은 사람이 아닌 동물에도 쓰이는 표현이라는 점에서 [시신(屍身)], [시체(屍體)], [시구(屍軀)], [송장], [주검]과 다르다. 또 한자어에서 '屍'는 죽은 몸을 나타내지만 한자어 '死'는 죽음을 의미하는 것으로 보아 [시신(屍身)], [시체(屍體)], [시구(屍軀)]는 죽은 몸의 의미를 두 번 강조하는 것이라 할 수 있다.

5　국립국어연구원, 『표준국어대사전』, 2000, 3598쪽 참조.

6　[사시(死屍)], [시수(屍首)], [연시(沿屍)]도 같은 특성을 문제삼고 있다.

(52) 단신(單身)

(53) 홀몸

　(52)는 {혼자의 몸}으로 풀이되고, (53)은 {딸린 사람이 없는 혼자의 몸}으로 풀이되면서 〈신체＋상태＋부양자 없음〉이라는 특성을 공통적으로 문제삼고 있다.　또한 [홀몸]은 {아이를 배지 아니한 몸}이라는 특성도 같이 문제삼고 있다.

　지금까지 〈신체〉의 〈상태〉 중심의 분절구조에 대하여 살펴보았다. 이것을 도식화하면 [그림 2], [그림 3]과 같다.

[그림 2] 〈상태〉 중심의 분절구조 (1)

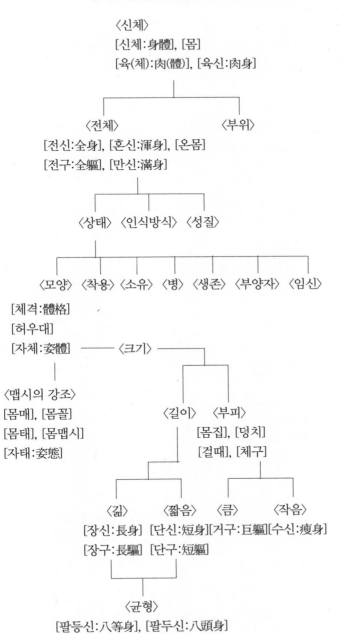

〈신체〉
[신체:身體], [몸]
[육(체):肉(體)], [육신:肉身]

〈전체〉   〈부위〉

[전신:全身], [혼신:渾身], [온몸]
[전구:全軀], [만신:滿身]

〈상태〉 〈인식방식〉 〈성질〉

〈모양〉 〈착용〉 〈소유〉 〈병〉 〈생존〉 〈부양자〉 〈임신〉

[체격:體格]
[허우대]
[자체:姿體] ——— 〈크기〉 ———

〈맵시의 강조〉
[몸매], [몸꼴]   〈길이〉 〈부피〉
[몸태], [몸맵시]   [몸집], [덩치]
[자태:姿態]   [걸때], [체구]

〈긺〉 〈짧음〉 〈큼〉 〈작음〉

[장신:長身] [단신:短身][거구:巨軀][수신:瘦身]
[장구:長軀] [단구:短軀]

〈균형〉

[팔등신:八等身], [팔두신:八頭身]

[그림 3] 〈상태〉 중심의 분절구조 (2)

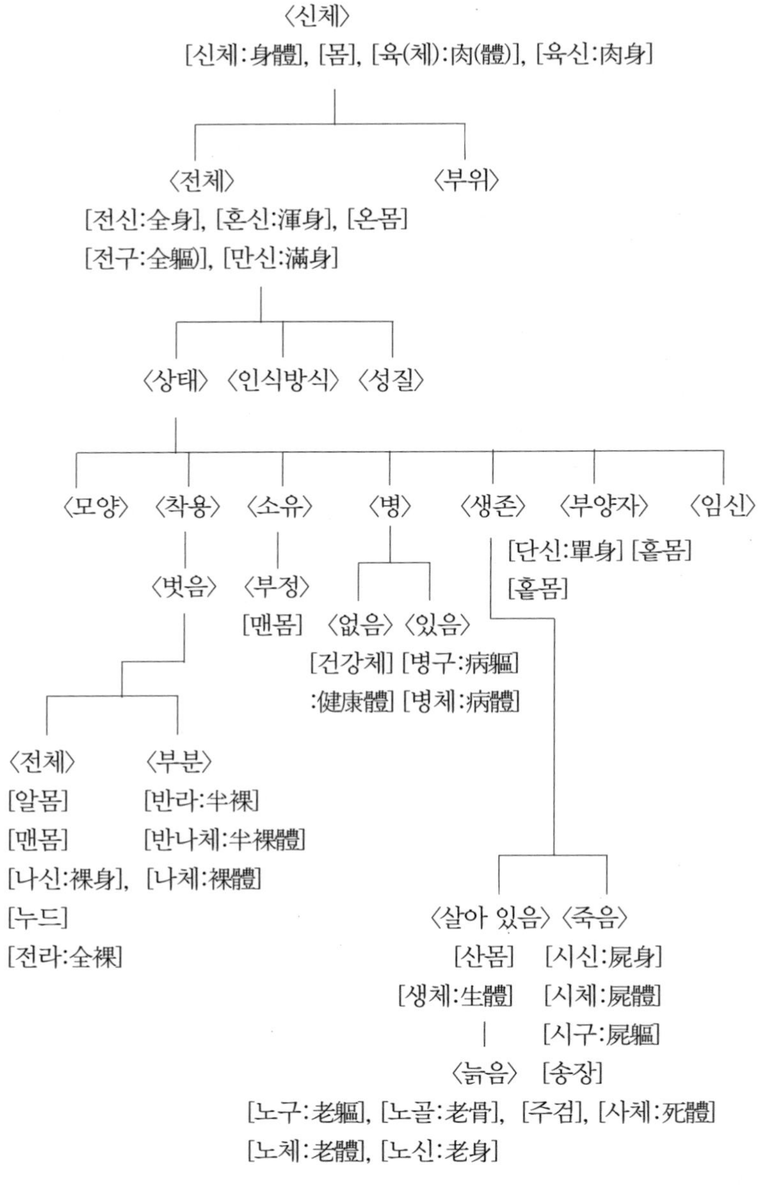

〈신체〉

[신체:身體], [몸], [육(체):肉(體)], [육신:肉身]

〈전체〉　　　　　　　　　　〈부위〉

[전신:全身], [혼신:渾身], [온몸]
[전구:全軀)], [만신:滿身]

〈상태〉〈인식방식〉〈성질〉

〈모양〉〈착용〉〈소유〉　　〈병〉　　〈생존〉　〈부양자〉　〈임신〉

[단신:單身] [홀몸]

〈벗음〉　〈부정〉　　　　　　　　　　[홀몸]

[맨몸] 〈없음〉〈있음〉

[건강체] [병구:病軀]
:健康體] [병체:病體]

〈전체〉　　〈부분〉
[알몸]　　[반라:半裸]
[맨몸]　　[반나체:半裸體]
[나신:裸身],　[나체:裸體]
[누드]
[전라:全裸]

〈살아 있음〉〈죽음〉
[산몸]　[시신:屍身]
[생체:生體]　[시체:屍體]
　　|　　[시구:屍軀]
〈늙음〉　[송장]
[노구:老軀], [노골:老骨], [주검], [사체:死體]
[노체:老體], [노신:老身]

2. 〈인식방식〉 중심의 분절구조

〈인식방식〉에는 〈높임〉과 〈낮춤〉의 분절이 관여하고 있다. 그 내용을 살펴보면 다음과 같다.

(54) 풍채(風采)

(55) 채풍(采風)

(56) 풍의(風儀)

(57) 풍자(風姿)

(58) 풍표(風標)

(54)~(58)은 {드러나 보이는 사람의 겉모양}으로 풀이된다. 위의 낱말들은 사전 뜻풀이 그 자체로는 {드러나 보이는 겉모양}을 나타내지만 '풍채가 좋다', '풍채가 의젓하다', '풍채가 늠름하다', '헌칠한 키와 잘생긴 풍채'에서처럼 존대의 표현과 함께 나타나기 때문에[7] 이것은 〈신체＋인식방식＋높임〉의 특성을 문제삼고 있다고 추측할 수 있다. 위의 단어들 중 가장 많이 쓰이는 낱말은 [풍채(風采)]이다.

(59) 풍상(風尙)

(60) 풍모(風貌)

(61) 풍재(風裁)

(62) 보체(寶體)

---

7   국립국어연구원, 『표준국어대사전』, 2000, 6656쪽 참조.

(59)는 {거룩한 모습}으로 풀이되면서 〈신체＋인식방식＋높임＋거룩함〉의 특성을 문제삼고 있다. (60), (61)은 {풍채와 용모[8]를 아울러 이르는 말}로 풀이되면서 〈신체＋인식방식＋높임＋용모의 강조〉의 특성을 문제삼고 있다. (62)는 {귀중한 몸}으로 풀이되면서 〈신체＋인식방식＋높임＋귀중함〉의 특성을 문제삼고 있다.

(63) 몸뚱이
(64) 몸뚱어리

(63)은 {'몸'을 속되게 이르는 말}로 풀이되고, (64)는 {'몸뚱이'를 속되게 이르는 말}로 풀이된다. 이 낱말들은 〈신체＋인식방식＋낮춤〉의 특성을 문제삼고 있다.

(65) 맨몸뚱이

(65)는 {'맨몸'을 속되게 이르는 말}로 풀이되면서 〈신체＋인식방식＋낮춤＋상태＋착용＋없음〉의 특성을 문제삼고 있다. 또한 이 낱말은 {'아무것도 가진 것이 없는 몸'을 속되게 이르는 말}이라는 특성도 같이 문제삼고 있다.

(66) 발가숭이
(67) 벌거숭이
(68) 뻘거숭이

---

8 [용모(容貌)]는 사람의 얼굴 모양을 나타내는 것으로 〈얼굴〉 명칭 분절구조에서 다루어진다.

(66), (67), (68)은 {옷을 모두 벗은 알몸뚱이}로 풀이되면서 위의 단어와 마찬가지로 〈신체+인식방식+낮춤+상태+착용+없음〉의 특성을 공통적으로 문제삼고 있다. 하지만 이 단어들은 [발가숭이]보다는 [벌거숭이]가 [벌거숭이]보다는 [뻘거숭이]가 센말이므로 〈벗음〉의 정도에 따라 계단대립을 이루고 있다.

(69) 적신(赤身)

(69)는 {벌거벗은 알몸뚱이}로 풀이되면서 〈신체+인식방식+낮춤+착용+없음〉의 특성을 문제삼고 있다. 이 낱말은 〈손〉의 [적수(赤手)], 〈다리〉의 [적각(赤脚)]과 비교가 될 수 있는 것으로 〈赤(붉다)+신체→적신(赤身)〉라는 개념 형성 과정을 거친 것으로 추측된다. 즉 살이 드러나면 붉게 되는 현상으로 인하여 [적신(赤身)]이란 단어가 형성된 것으로 보인다. 지금까지 살펴본 〈신체〉의 〈인식방식〉의 분절구조를 도식화하면 [그림 4]와 같다.

[그림 4] 〈인식방식〉 중심의 분절구조

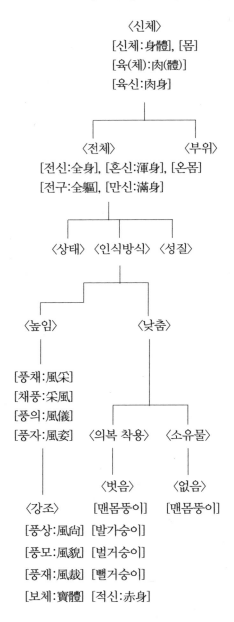

〈신체〉
[신체:身體], [몸]
[육(체):肉(體)]
[육신:肉身]

〈전체〉　　　　　　　〈부위〉
[전신:全身], [혼신:渾身], [온몸]
[전구:全軀], [만신:滿身]

〈상태〉〈인식방식〉〈성질〉

〈높임〉　　　　　　　〈낮춤〉

[풍채:風采]
[채풍:采風]
[풍의:風儀]
[풍자:風姿]　　〈의복 착용〉　　〈소유물〉

〈벗음〉　　　　〈없음〉

〈강조〉　　[맨몸뚱이]　　[맨몸뚱이]

[풍상:風尙]　[발가숭이]

[풍모:風貌]　[벌거숭이]

[풍재:風裁]　[뻘거숭이]

[보체:寶體]　[적신:赤身]

3. 〈성질〉 중심의 분절구조

(70) 동신(童身)

(70)은 {이성과 한 번도 성적인 접촉을 한 적이 없는 순결한 몸}으로 풀이되면서 〈신체＋성질＋순결함〉의 특성을 문제삼고 있다.

(71) 둔골(鈍骨)

(71)은 {둔한 몸}으로 풀이되면서 〈신체＋성질＋둔함〉의 특성을 문제삼고 있다.

지금까지 살펴본 〈성질〉에 관한 분절구조를 도식화하면 [그림 5]와 같다.

[그림 5] 〈성질〉 중심의 분절구조

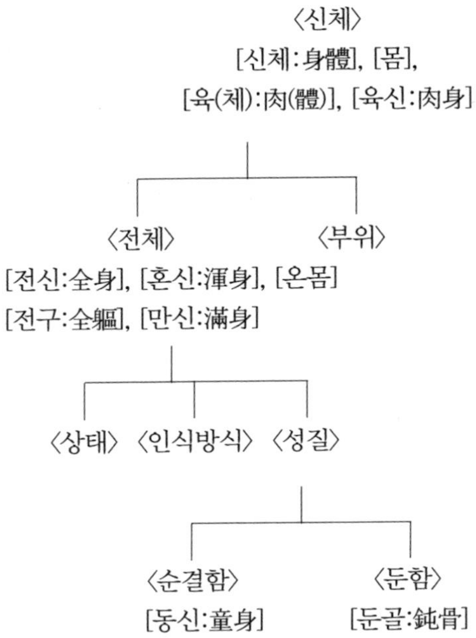

〈신체〉
[신체:身體], [몸],
[육(체):肉(體)], [육신:肉身]

〈전체〉 　　　　　　〈부위〉
[전신:全身], [혼신:渾身], [온몸]
[전구:全軀], [만신:滿身]

〈상태〉 〈인식방식〉 〈성질〉

〈순결함〉 　　　　　〈둔함〉
[동신:童身] 　　　　[둔골:鈍骨]

제 4 장

〈머리〉 명칭 어휘구조에 반영된 한국인의 세계관

[머리]는 사람이나 동물의 목 위의 부분으로, 눈, 코, 입 따위가 있는 얼굴을 포함하고 있다. 〈머리〉는 생각하고 판단하는 능력의 중심이 된다는 점에서 신체의 가장 중요한 부분이라 할 수 있다. 〈머리〉는 {사람이나 동물의 목 위의 부분}, {생각하고 판단하는 능력.} {머리털}, {한자에서 글자의 윗부분에 있는 부수}, {단체의 우두머리}, {사물의 앞이나 위를 비유적으로 이르는 말}, {일의 시작이나 처음을 비유적으로 이르는 말}, {한쪽 옆이나 가장자리}, {일의 한 차례나 한 판을 비유적으로 이르는 말}, 음악 전문용어로 {음표의 희거나 검은 부분}으로 풀이된다.[1] 하지만 이 연구의 대상이 되는 것은 {사람이나 동물의 목 위의 부분}이다.

(72) 머리
(73) 두부(頭部)

(72)는 {사람이나 동물의 목 위의 부분}으로 풀이되면서 〈신체＋부위＋머리〉의 특성을 문제삼고 있다. (73)은 {머리가 되는 부분}으로 풀이되면서 (5)와 같은 내용을 문제삼고 있지만 입말보다는 글말에서 더

---

[1] 국립국어연구원, 『표준국어대사전』, 2000, 2096쪽 참조.

많이 쓰이는 것으로 추정된다. 〈머리〉 분절구조를 보면 [머리]와 [두부
(頭部)]가 원어휘소의 자리를 차지하고 있는데, 그 아래에 〈전체〉와 〈부
위〉로 하위분절된다. 〈전체〉는 〈상태〉, 〈인식방식〉, 〈주체〉로, 〈부위〉
는 〈전후〉, 〈상하〉, 〈측면〉, 〈둘레〉로 하위분절된다. 〈상태〉는 〈모양〉,
〈착용〉, 〈병〉, 〈주체〉로 하위분절되며, 〈전후〉는 〈전〉과 〈후〉에 의해서,
〈전〉에는 〈앞머리〉와 〈얼굴〉이, 〈후〉에는 〈뒷머리〉가 관여하고 있다.
〈상하〉는 〈상〉과 〈하〉에 의하여 분절되는데 〈상〉에는 〈정수리〉가 관여
하고 있다. 〈측면〉에는 〈옆머리〉와 〈귀〉가 분절되고 있으며, 〈둘레〉에
는 [머리통]이 관여하고 있다.[2] 이러한 〈머리〉 분절구조의 기본구조를
도식화하면 [그림 6]과 같다.

[그림 6] 〈머리〉 명칭 기본구조

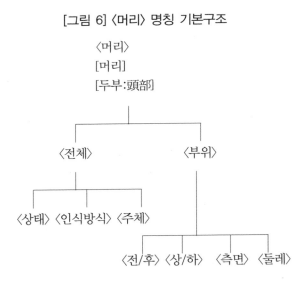

---

2 〈머리〉 분절과 다른 신체의 분절에 공통적으로 걸쳐지는 낱말로 머리와 낯을 같
    이 지칭하는 [두면(頭面)], 머리와 가슴 부분을 표현하는 [두흉부(頭胸部)]가 있다.

1. 〈전체〉 중심의 분절구조

〈머리〉의 〈전체〉 중심의 분절구조에는 〈상태〉, 〈인식방식〉, 〈주체〉가 관여하고 있다. 그 내용을 살펴보면 다음과 같다.

(74) 까까머리

(74)는 {빡빡 깎은 머리}로 풀이되면서 〈머리＋전체＋상태＋모양＋머리털＋빡빡 깎음〉의 특성을 문제삼고 있다.

(75) 중머리

(75)는 {중의 머리처럼 빡빡 깎은 머리}로 풀이되면서 〈머리＋전체＋상태＋모양＋머리털＋빡빡 깎음〉의 특성을 문제삼고 있다. 이 낱말은 {빡빡 깎은 중의 머리}라는 내용을 문제삼고 있기도 하다.

(76) 체두(머리)(剃頭--)

(76)은 {바싹 깎은 머리}로 풀이되면서 〈머리＋전체＋상태＋모양＋머리털＋바싹 깎음〉의 특성을 문제삼고 있다.

(77) 대머리
(78) 독두(禿頭)

(77)은 {머리털이 많이 빠져서 벗어진 머리}로 풀이되면서 〈머리＋

전체＋상태＋모양＋머리털＋많이 빠짐〉의 특성을 문제삼고 있다.[3] (77)의 토박이말에 상응하는 한자말 (78)은 {대머리}로 풀이되면서 (77)과 같은 특성을 문제삼고 있다. (77)이 (78)에 비하여 입말에서 더 많이 사용되고 있다.

(79) 민머리

(79)는 {정수리까지 벗어진 대머리}로 풀이되면서 〈머리＋전체＋상태＋모양＋머리털＋정수리까지 벗어짐〉의 특성을 문제삼고 있다.

(80) 까꾸머리
(81) 장구머리

(80)은 {뒤통수가 나온 머리}로 풀이되면서 〈머리＋전체＋상태＋모양＋뒤통수가 나옴〉의 특성을 문제삼고 있다. (81)은 {이마와 뒤통수가 쑥 튀어 나온 머리}로 풀이되면서 〈머리＋전체＋상태＋모양＋뒤통수가 나옴＋이마가 나옴〉의 특성을 문제삼고 있다.

(82) 헌머리

(82)는 {상처가 나서 헌데가 생긴 머리}로 풀이되면서 〈머리＋전체＋상태＋모양＋상처가 남〉의 특성을 문제삼고 있다.

3　{대머리}라 풀이되는 한자말 [독로(禿顱)], [독발(禿髮)], [독정(禿頂)], [돌독(突禿)], [올두(兀頭)]도 같은 방법으로 해명될 수 있다.

(83) 맨머리

(83)은 {아무것도 쓰지 아니한 머리}로 풀이되면서 〈머리＋전체＋상태＋착용＋쓰지 않음〉의 특성을 문제삼고 있다.

(84) 체머리

(84)는 {머리가 저절로 계속하여 흔들리는 병적 현상을 보이는 머리}로 풀이되면서 〈머리＋전체＋상태＋병＋머리가 흔들림〉의 특성을 문제삼고 있다.[4]

(85) 숯머리

(85)는 {숯내를 맡아서 아픈 머리}로 풀이되면서 〈머리＋전체리＋상태＋병＋숯내를 맡음〉의 특성을 문제삼고 있다.

(86) 두상(頭上)

(86)은 {머리를 높여 이르는 말}로 풀이되면서 〈머리＋전체＋인식방식＋높임〉의 특성을 문제삼고 있다.

(87) 대가리
(88) 대갈머리

---

4 {머리가 저절로 계속하여 흔들리는 병적 현상을 보이는 머리}로 풀이되는 한자말 [풍두선(風頭旋)]도 같은 방법으로 해명될 수 있다.

(89) 골통

(90) 대갈빡

위의 낱말들은 {'머리'를 속되게 이르는 말}로 풀이되면서 〈머리＋전체＋인식방식＋낮춤〉의 특성을 공통적으로 문제삼고 있다. 이 낱말은 [두상(頭上)]과 대칭관계를 이루고 있다.

(91) 민대가리

(91)은 {'정수리까지 벗어진 대머리'를 속되게 이르는 말}로 풀이되면서 〈머리＋전체＋인식방식＋낮춤＋대상＋대머리〉의 특성을 문제삼고 있다.

(92) 중대가리

(92)는 {중처럼 빡빡 깎은 머리 또는 그렇게 머리를 깎은 사람을 놀림조로 이르는 말}로 풀이되면서 〈머리＋전체＋인식방식＋낮춤＋대상＋빡빡 깎은 머리〉의 특성을 문제삼고 있다.

지금까지 〈머리〉의 분절구조 중 〈전체〉에 해당하는 분절구조를 살펴보았다. 〈전체〉 분절 구조 아래에는 〈상태〉와 〈인식방식〉, 〈주체〉라는 특성이 문제되고 있다. 이것을 도식화하면 [그림 7], [그림 8]과 같다.

[그림 7] 〈상태〉 분절구조

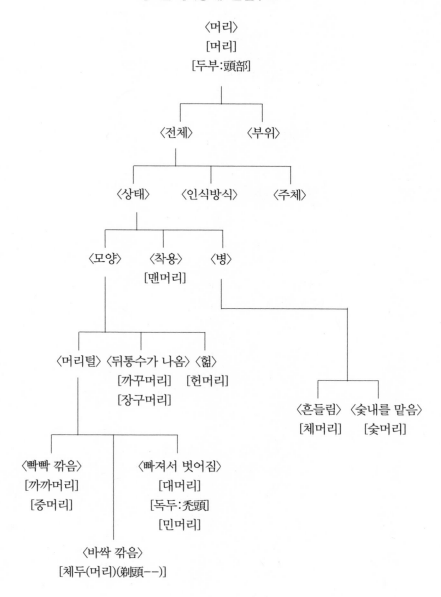

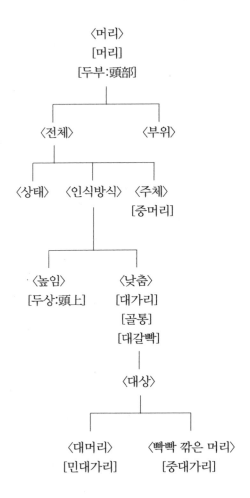

[그림 8] 〈인식방식〉 분절구조

〈머리〉
[머리]
[두부:頭部]

〈전체〉　　　　　〈부위〉

〈상태〉　〈인식방식〉　〈주체〉
　　　　　　　　　　　[중머리]

〈높임〉　　　〈낮춤〉
[두상:頭上]　[대가리]
　　　　　　　[골통]
　　　　　　　[대갈빡]

〈대상〉

〈대머리〉　　〈빡빡 깎은 머리〉
[민대가리]　　　[중대가리]

2. 〈부위〉 중심의 분절구조

〈머리〉의 〈부위〉에는 〈전/후〉, 〈상/하〉, 〈측면〉, 〈둘레〉가 관여하고 있다.

1) 〈전/후〉 명칭 분절구조

정수리 앞쪽 부분과 뒤쪽 부분을 나타내는 〈전/후〉 명칭 분절구조에 있어서 〈전〉은 〈앞머리〉와 〈얼굴〉이 관여하며, 〈후〉에는 〈뒷머리〉가 관여하고 있다. 〈얼굴〉은 〈눈〉, 〈코〉, 〈입〉이 있는 머리의 앞면으로 〈얼굴〉 분절은 크게 〈전체〉와 〈부위〉로 하위분절된다. 〈전체〉는 〈주체〉, 〈상태〉, 〈성질〉, 〈인식방식〉에 의하여, 〈부위〉는 〈이마〉, 〈뺨〉, 〈관자놀이〉, 〈턱〉에 의하여 하위분절된다. 그 자세한 내용을 살펴보면 다음과 같다.

(93) 앞머리

(93)은 {정수리 앞쪽 부분의 머리}로 풀이되면서 〈머리+부위+전/후+전+앞머리〉라는 특성을 문제삼고 있다.

(94) 뒷머리
(95) 뒤통수
(96) 뒷골

(94)는 {뒤통수}로 풀이되면서 〈머리＋부위＋전/후＋뒤〉의 특성을 문제삼고 있다. (95)는 {머리의 뒷부분}으로 풀이되면서 (94)와 같은 특성을 문제삼고 있다.[5] (96)은 {뒤통수}로 풀이되면서 (94), (95)와 같은 특성을 문제삼고 있지만 쓰임에 있어서 다르게 나타나고 있다. 즉 '뒷골이 쑤시다', '뒷골이 무겁다'라는 말은 관용적으로 잘 쓰이지만 '뒷머리가 쑤시다' '뒤통수가 쑤시다'는 어색한 것으로 보아 [뒷골]은 머리가 아픈 표현에 한정되어 쓰이는 낱말이라고 할 수 있다. 그리고 뒤통수는 {뒤통수가 잘생겼다}, {뒤통수가 납작하다}의 예에서처럼 뒷머리 모양을 일컬을 때 쓰이는 낱말이다.

지금까지 살펴본 〈앞머리〉와 〈뒷머리〉 분절구조를 도식화하면 [그림 9]와 같다.

---

5 [뇌후(腦後)], [옥침관(玉枕關)]도 같은 특성을 문제삼고 있다.

[그림 9] 〈앞머리〉, 〈뒷머리〉 명칭 분절구조

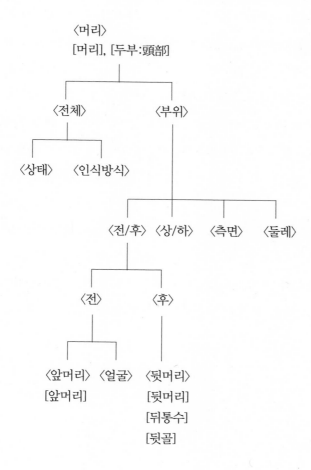

❶ 〈얼굴〉 명칭 분절구조

〈얼굴〉은 머리의 앞면을 나타내는 것으로 그 아래에 〈전체〉와 〈부위〉에 의하여 하위분절되고, 〈전체〉는 〈주체〉, 〈상태〉, 〈성질〉, 〈인식방식〉에 의하여 〈부위〉는 〈눈〉, 〈코〉, 〈입〉, 〈이마〉, 〈뺨〉, 〈관자놀이〉, 〈턱〉에 의하여 하위분절되고 있다. 국립국어연구원의『표준국어대사전』(2000)에 따르면 {눈, 코, 입이 있는 머리의 앞면}, {머리 앞면의 전체적 윤곽이나 생김새}, {사람의 감정이나 체면 등을 드러내는 부분으로서의 머리 앞면, 낯, 체면, 면목}, {주위에 잘 알려져서 얻은 평판이나 명예, 또는 체면}, {어떤 심리 상태가 나타난 형색}, {어떤 분야에 활동하는 사람} {어떤 사물의 진면목을 단적으로 보여주는 대표적 표상}이라는 내용을 문제삼고 있다. 여기에서는 〈얼굴〉의 지시적 의미인 {눈, 코, 입이 있는 머리의 앞면}, {머리 앞면의 전체적 윤곽이나 생김새}, {어떤 심리 상태가 나타난 형색}이라는 내용을 가지고 분절구조의 내용을 살펴보겠다.

(97) 얼굴

(98) 낯

(99) 안면(顔面)

(100) 용안(容顔)

(97)은 {눈, 코, 입이 있는 머리의 앞면}으로 풀이되면서 〈머리+부위+전/후+전+얼굴〉의 특성을 문제삼고 있다. (98)은 {눈, 코, 입 따위가 있는 얼굴의 바닥}으로 풀이되면서 〈머리+부위+전/후+전+얼굴+인식방식+낮춤〉의 특성을 문제삼고 있다. 이러한 특성은 분포상

에서도 서로 다른 차이점을 드러나게 하는데 '얼굴이 두껍다'라는 말보다는 '낯이 두껍다'라는 말이 더 자연스럽고, '잘생긴 낯'보다는 '잘생긴 얼굴'이 더 자연스럽게 쓰이는 것으로 보아 얼굴은 긍정적인 표현과 함께 쓰이고 있으며 낯은 부정적인 표현과 함께 결합되는 특징을 보이고 있다. (99), (100)의 [안면(顏面)], [용안(容顏)]도 {얼굴}로 풀이되면서 (97), (98)과 같은 내용을 문제삼고 있지만 쓰임에 있어서는 '안면마비' 같은 단어에 한정적으로 나타나고 있다.

(97), (98), (99), (100)을 원어휘소로 하는 〈얼굴〉 명칭 분절의 기본구조를 보이면 [그림 10]과 같다.

[그림 10] 〈얼굴〉 명칭 분절의 기본구조

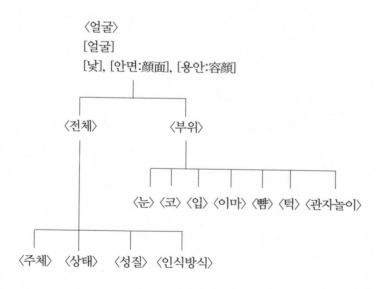

(101) 용안(龍顏)

(101)은 {임금의 얼굴을 높여 이르는 말}로 풀이되면서 〈임금을 나타내는 접두사(龍)＋얼굴 → 임금의 얼굴(龍顏)〉이라는 개념 형성 과정을 거친 것으로 추측된다. 이 낱말은 〈얼굴＋전체＋주체＋임금＋인식방식＋높임〉의 특성을 문제삼고 있다.

(102) 성안(聖顏)
(103) 성면(聖面)

(102), (103)은 {임금의 얼굴을 높여 이르는 말}로 풀이되면서 〈얼굴＋전체＋주체＋임금＋인식방식＋높임＋성스러움〉의 특성을 문제삼고 있다.

(104) 옥안(玉顏)

(104)는 {임금의 얼굴을 높여 이르는 말}로 풀이되면서 〈아름답다(玉)＋얼굴(顏) → 임금의 얼굴(玉顏)〉이라는 개념 형성 과정을 거친 것으로 추측된다. 이 낱말은 〈얼굴＋전체＋주체＋임금＋인식방식＋높임＋아름다움〉의 특성을 문제삼고 있다. 그리고 [옥안(玉顏)]은 {잘생기고 환한 얼굴}이라는 내용을 문제삼고 있기도 하다.

(105) 천안(天顏)

(105)는 {임금의 얼굴을 높여 이르는 말}로 풀이되면서 〈높다(天)＋

얼굴(顔) → 임금의 얼굴(天顔)〉이라는 개념 형성 과정을 거친 것으로 추측된다. 이 낱말은 〈얼굴＋전체＋주체＋임금＋인식방식＋높임〉의 특성을 문제삼고 있다.

(106) 노안(奴顔)

(106)은 {하인의 굽실거리는 비굴한 얼굴}로 풀이되면서 〈얼굴＋전체＋주체＋하인＋상태＋굽실거리고 비굴함〉의 특성을 문제삼고 있다.

(107) 노안(老顔)

(107)은 {노인의 얼굴}로 풀이되면서 〈얼굴＋전체＋주체＋노인〉의 특성을 문제삼고 있다.

(108) 동안(童顔)

(108)은 {어린아이의 얼굴}로 풀이되면서 〈얼굴＋전체＋주체＋어린이〉의 특성을 문제삼고 있다. 이 낱말은 또 {나이 든 사람이 지니고 있는 어린아이 같은 얼굴}라는 내용을 동시에 문제삼고 있기도 하다. 이러한 내용은 〈얼굴〉의 〈전체〉의 〈성질〉의 분절에도 관여하고 있다.

(109) 홍안(紅顔)
(110) 주안(朱顔)

(109)는 {어린아이의 얼굴}로 풀이된다. 어린아이의 얼굴이 불그스

레하다는 점에서 〈붉다(紅)＋얼굴(顏) → 어린아이의 얼굴〉이라는 개념 형성 과정을 겪은 것으로 추측된다. 이 낱말은 〈얼굴＋전체＋주체＋어린이＋상태＋붉음〉의 특성을 문제삼고 있다. (110)은 {홍안(紅顏)}으로 풀이되면서 (109)와 같은 특성을 문제삼고 있다. 이 낱말은 {술에 취한 얼굴}이라는 내용도 문제삼고 있는데 이러한 특징은 〈얼굴〉의 〈전체〉의 〈색〉의 분절에도 관여하게 된다.

(111) 사안(死顏)

(111)은 {죽은 사람의 얼굴}로 풀이되면서 〈얼굴＋전체＋주체＋죽은 사람〉의 특성을 문제삼고 있다.

(112) 존안(尊顏)
(113) 대안(臺顏)
(114) 존면(尊面)
(115) 방안(芳顏)

(112)～(115)는 {'남의 얼굴'을 높여 이르는 말}로 풀이되면서 〈얼굴＋전체＋주체＋본인/타인＋타인＋인식방식＋높임〉의 특성을 문제삼고 있다. (113), (114), (115)는 거의 쓰이지 않고 있다. 〈얼굴〉의 〈주체〉는 귀납적으로 발견된 결과이지만 〈임금/하인〉, 〈노/소〉, 〈산/죽은 사람〉, 〈본인/타인〉으로 하위분절되는데 그 내용을 도식화하면 [그림 11]과 같다.

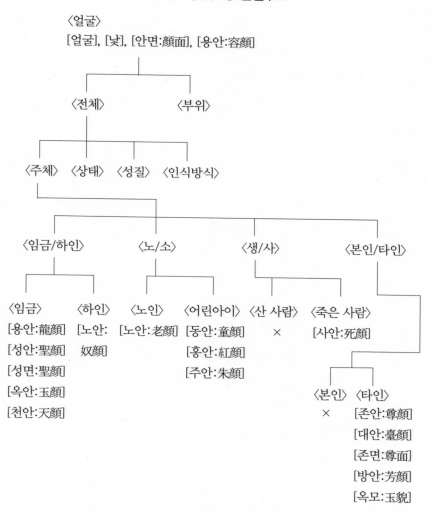

[그림 11] 〈주체〉 분절구조

〈얼굴〉
[얼굴], [낯], [안면:顔面], [용안:容顔]

〈전체〉　　　　〈부위〉

〈주체〉　〈상태〉　〈성질〉　〈인식방식〉

〈임금/하인〉　　　〈노/소〉　　　　〈생/사〉　　　〈본인/타인〉

〈임금〉　　〈하인〉　　〈노인〉　　〈어린아이〉　〈산 사람〉　〈죽은 사람〉
[용안:龍顔]　[노안:　　[노안:老顔]　[동안:童顔]　　　×　　　[사안:死顔]
[성안:聖顔]　奴顔　　　　　　　　[홍안:紅顔]
[성면:聖顔]　　　　　　　　　　　[주안:朱顔]
[옥안:玉顔]
[천안:天顔]

〈본인〉　〈타인〉
　×　　[존안:尊顔]
　　　　[대안:臺顔]
　　　　[존면:尊面]
　　　　[방안:芳顔]
　　　　[옥모:玉貌]

(116) 용모(容貌)

(117) 낯꼴

(116)은 {사람의 얼굴 모양}으로 풀이되면서 〈얼굴＋전체＋상태＋
모양〉의 특성을 문제삼고 있다.[6] (117)은 {감정에 따라 변하는 얼굴의
모양}으로 풀이되면서 〈얼굴＋전체＋상태＋모양＋감정에 따라 변함〉
의 특성을 문제삼고 있다.

(118) 방안(方顔)

(118)은 {네모진 얼굴}로 풀이되면서 〈얼굴＋전체＋상태＋모양＋네
모남〉의 특성을 문제삼고 있다.

(119) 추면(皺面)

(119)는 {주름이 잡힌 얼굴}로 풀이되면서 〈얼굴＋전체＋상태＋모
양＋주름이 잡힘〉의 특성을 문제삼고 있다.

(120) 수용(瘦容)

(121) 수면(瘦面)

(120)은 {수척한 얼굴}로 풀이되면서 〈얼굴＋전체＋상태＋모양＋
수척함〉의 특성을 문제삼고 있다. (121)은 {수용(瘦容)}으로 풀이되면서

6　{사람의 얼굴 모양}으로 풀이되는 한자말 [모용(貌容)], [형모(形貌)], [면상(面相)],
　　[면체(面體)], [상모(相貌)]도 같은 방법으로 해명될 수 있다.

(120)과 같은 특성을 문제삼고 있다.

(122) 미안(美顔)

(123) 미용(美容)

(124) 미모(美貌)

(122)는 {아름다운 얼굴}로 풀이되면서 〈얼굴＋전체＋상태＋미추＋아름다움〉의 특성을 문제삼고 있다.[7] (123)은 {미안(美顔)}으로 풀이되면서 (122)와 같은 내용을 문제삼고 있지만 [미용실(美容室)]과 같은 단어를 보면 [미용(美容)]은 단지 아름다운 얼굴에 내용이 한정되어 있기보다는 그 의미가 확대되어 쓰이고 있음을 알 수 있다. (124)도 (122)와 마찬가지로 {아름다운 얼굴 모습}으로 풀이되면서 〈얼굴＋전체＋상태＋미추＋아름다움〉의 특성을 문제삼고 있다. 하지만 쓰임에 있어서는 [미모(美貌)]가 많이 쓰이고 있다.

(125) 수색(秀色)

(125)는 {여자의 뛰어난 용모}로 풀이되면서 〈얼굴＋전체＋상태＋미추＋아름다움＋강조＋성＋여자〉의 특성을 문제삼고 있다.

(126) 옥면(玉面)

(127) 옥용(玉容)

(128) 옥모(玉貌)

---

7 {아름다운 얼굴}로 풀이되는 [여용(麗容)]도 같은 방법으로 해명될 수 있다.

(126)은 {옥같이 깨끗하고 아름다운 얼굴}로 풀이되면서 〈얼굴＋
전체＋상태＋미추＋아름다움＋옥과 같음〉의 특성을 문제삼고 있다.
(127)은 {옥같이 고운 용모라는 뜻으로, 미인의 얼굴을 이르는 말}로 풀
이되면서 〈얼굴＋전체＋상태＋미추＋아름다움＋옥과 같음＋대상＋미
인〉의 특성을 문제삼고 있다. (128)은 {옥같이 아름답게 생긴 얼굴}로
풀이된다. 이 낱말은, 한자어 [모:貌]가 {얼굴 모습}을 표현한다는 점에
서, [옥면(玉面)], [옥용(玉容)]이 가지는 낱말의 특성에 〈모습〉의 강조라
는 특성을 추가하고 있다. (128)은 또 {남의 얼굴 모습을 아름답게 이르
는 말}이라는 내용을 문제삼고 있기도 하다. 즉 이 낱말은 〈얼굴〉의 〈주
체〉의 분절에도 관여하고 있다.

(129) 옥모경안(玉貌鏡顏)

(129)는 {옥같이 아름답고 거울같이 맑은 얼굴}로 풀이되면서 〈얼
굴＋전체＋상태＋미추＋아름다움＋옥과 같음＋거울처럼 맑음〉의 특
성을 문제삼고 있다.

(130) 화용(花容)
(131) 화안(花顏)
(132) 화면(花面)
(133) 화모(花貌)

(130)은 {꽃처럼 아름다운 여자의 얼굴}로 풀이되면서 〈얼굴＋전
체＋상태＋미추＋아름다움＋꽃다움＋성별＋여자〉의 특성을 문제삼고

있다.[8]

(131), (132), (133)은 {화용(花容)}으로 풀이되면서 (130)과 마찬가지로 〈얼굴＋전체＋상태＋미추＋아름다움＋꽃다움＋성별＋여자〉의 특성을 문제삼고 있지만 입말에서는 거의 쓰이지 않고 있다.

(134) 도안(桃顏)

(135) 방안(芳顏)

(134)는 {엷은 분홍빛의 아름다운 얼굴}로 풀이되면서 〈얼굴＋전체＋상태＋미추＋아름다움＋색상＋엷은 분홍빛〉의 특성을 문제삼고 있다. (135)는 {아름답고 꽃다운 얼굴}로 풀이되면서 〈얼굴 + 전체〉＋상태 + 미추 아름다움＋인식 + 높임〉의 특성을 문제삼고 있다.

(136) 추안(醜顏)

(137) 추면(醜面)

(138) 추모(醜貌)

(136), (137)은 {못생긴 얼굴}로 풀이되면서 〈얼굴＋전체＋상태＋미추＋추함＋못생김〉의 특성을 문제삼고 있다. (138)은 {보기 흉한 용모 또는 못생긴 용모}로 풀이되면서 〈얼굴＋전체＋상태＋미추＋추함＋못생김＋모습의 강조〉의 특성을 문제삼고 있다.

---

8 살결과 머리털을 아울러 아름다운 얼굴을 이르는 말로 {아름다운 얼굴에 눈처럼 흰 살갗을 이르는 말}인 [설부화용(雪膚花容)], {아름다운 얼굴에 머리털이 탐스럽고 얼굴이 아름다운 여자의 모습을 아울러 이르는 말}인 [운빈화안(雲鬢花顏)], [운빈화용(雲鬢花容)]이 있다.

(139) 추안(秋顔)

(139)는 {늙은 얼굴}로 풀이되면서 〈얼굴＋전체＋상태＋추함＋늙음〉의 특성을 문제삼고 있다.

(140) 소안(素顔)

(140)은 {흰 얼굴}로 풀이되면서 〈얼굴＋전체＋상태＋색＋흼〉의 특성을 문제삼고 있다. 그리고 이 낱말은 또 {화장하지 아니한 맨 얼굴}, {수염이 없는 얼굴}이라는 특성도 문제삼고 있다. 즉 [소안(素顔)]은 〈상태＋모양〉의 분절과 〈상태＋색〉의 분절에 동시에 관여하고 있다.

(141) 취안(醉顔)
(142) 취모(醉貌)

(141)은 {술에 취한 얼굴}로 풀이되면서 〈얼굴＋전체＋상태＋색＋붉은색＋술에 취함〉의 특성을 문제삼고 있다. (142)는 {취안(醉顔)}으로 풀이되면서 〈얼굴＋전체＋상태＋색＋붉은색＋술에 취함＋모습의 강조〉라는 특성을 문제삼고 있다.

(143) 두면(痘面)

(143)은 {천연두를 앓아서 얽은 얼굴}로 풀이되면서 〈얼굴＋전체＋상태＋색＋병색＋얽음＋병＋천연두〉의 특성을 문제삼고 있다.

(144) 본얼굴

(145) 도안(徒顏)

(146) 원면(元面)

(147) 민얼굴

(144), (145), (146)은 {화장을 하였거나 변모한 얼굴이 아닌 본디의 얼굴 모습}으로 풀이되면서 〈얼굴＋전체＋상태＋색＋화장기 없음〉의 특성을 문제삼고 있다. (147)은 {꾸미지 않은 얼굴}로 풀이되면서 〈얼굴＋전체＋상태＋색＋화장기 없음＋꾸미지 않음〉의 특성을 문제삼고 있다.

(148) 민낯

(149) 소면(素面)

(148)은 {화장을 하지 않은 여자의 얼굴}로 풀이되면서 〈얼굴＋전체＋상태＋색＋화장기 없음＋성＋여성〉의 특성을 문제삼고 있다. (149)는 {화장을 하지 아니한 얼굴}로 풀이되면서 〈얼굴＋전체＋상태＋색＋화장기 없음〉의 특성을 문제삼고 있다.

(150) 분면(粉面)

(150)은 {분을 바른 얼굴}로 풀이되면서 〈얼굴＋전체＋상태＋색＋화장기 있음〉의 특성을 문제삼고 있다.

(151) 소안(笑顏)

(152) 소용(笑容)

(151)은 {웃음이 담긴 얼굴}로 풀이되면서 〈얼굴＋전체＋상태＋감정＋즐거움＋웃음〉의 특성을 문제삼고 있다. (152)도 {웃는 얼굴}로 풀이되면서 (150)과 같은 특성을 문제삼고 있다.

(153) 수면(羞面)
(154) 난안(赧顔)
(155) 난면(赧面)

(153)은 {부끄러움을 띤 얼굴}로 풀이되면서 〈얼굴＋전체＋상태＋감정＋부끄러움〉의 특성을 문제삼고 있다. (154)는 {부끄럽거나 창피하여 얼굴색이 붉어지는 얼굴}로 풀이되면서 〈얼굴＋전체＋상태＋감정＋부끄러움＋색깔＋붉음〉의 특성을 문제삼고 있다. (155)는 같은 특성을 문제삼고 있다.

(156) 우안(憂顔)
(157) 수용(愁容)
(158) 수안(愁顔)

(156)은 {근심하는 얼굴}로 풀이되면서 〈얼굴＋전체＋상태＋감정＋근심함〉의 특성을 문제삼고 있다. (157)은 {근심스러운 빛을 띤 얼굴}로 풀이되면서 (156)과 같은 특성을 문제삼고 있다. (158)은 {수심[9]에 잠긴

9　『표준국어대사전』(2000)에 따르면 [수심(愁心)]은 {매우 근심함}으로 풀이된다.

얼굴}로 풀이되면서 〈얼굴＋전체＋상태＋감정＋근심＋강조〉의 특성을
문제삼고 있다.

(159) 읍안(泣眼)

(159)는 {눈물을 흘리는 얼굴}로 풀이되면서 〈얼굴＋전체＋상태＋
감정＋슬픔＋눈물을 흘림〉의 특성을 문제삼고 있다.

(160) 회안(悔顔)

(160)은 {잘못을 뉘우치는 빛을 띤 얼굴}로 풀이되면서 〈얼굴＋전
체＋상태＋감정＋뉘우침〉의 특성을 문제삼고 있다.

(161) 온용(慍容)

(161)은 {화가 난 얼굴}로 풀이되면서 〈얼굴＋전체＋상태＋감정＋
화가 남〉의 특성을 문제삼고 있다.

(162) 체면(體面)
(163) 체모(體貌)

(162)는 {남을 대하기에 떳떳한 얼굴}로 풀이되면서 〈얼굴＋전체＋
성질＋떳떳함〉의 특성을 문제삼고 있다. (163)은 (162)와 같은 내용을
문제삼고 있지만 〈모습의 강조〉라는 특성을 추가하고 있다.
　지금까지의 〈얼굴〉 명칭 분절의 〈상태〉와 관련된 분절을 도식화하

면 [그림 12], [그림 13], [그림 14]와 같다.

[그림 12] 〈상태〉 분절구조 (1)

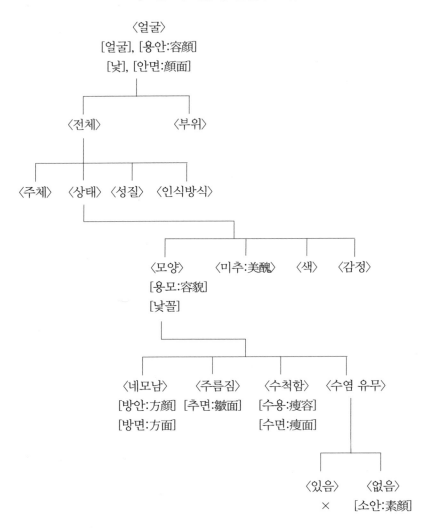

[그림 13] 〈상태〉 분절구조 (2)

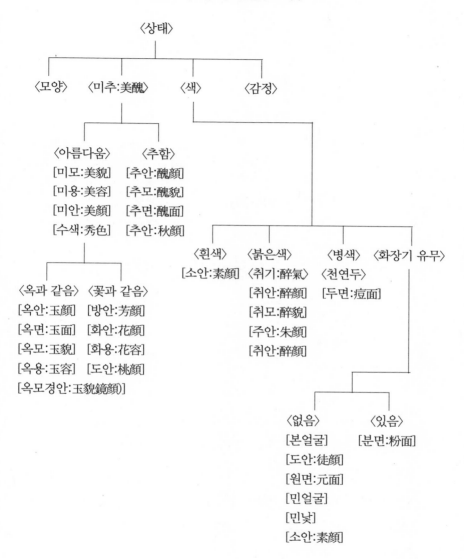

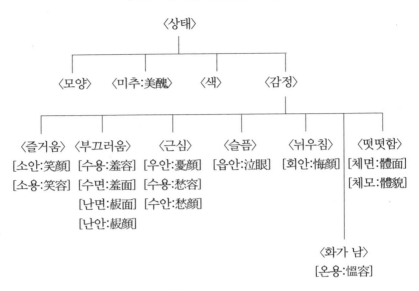

[그림 14] 〈상태〉 분절구조 (3)

(164) 온안(溫顔)

(165) 화안(和顔)

(166) 자안(慈顔)

(164)는 {온화하고 부드러운 얼굴}로 풀이되면서 〈얼굴＋전체＋상태＋성질＋온화함＋부드러움〉의 특성을 문제삼고 있다. (165)는 {부드럽고 온화하여 기쁜 빛이 도는 얼굴}로 풀이되면서 〈얼굴＋전체＋상태＋성질＋온화함＋부드러움＋기쁜 빛이 돎〉의 특성을 문제삼고 있다. (166)은 {자애로운 얼굴}로 풀이되면서 〈얼굴＋전체＋상태＋성질＋자애로움〉의 특성을 문제삼고 있다.

(167) 원면(元面)

(167)은 {숨김이 없는 얼굴}로 풀이되면서 〈얼굴＋전체＋성질＋숨김이 없음〉의 특성을 문제삼고 있다. 이 낱말은 {화장을 하였거나 변모한 얼굴이 아닌 본디의 얼굴 모습}이라는 내용을 문제삼고 있기도 하다. 그러므로 이 내용은 〈상태〉의 〈색〉의 분절에도 관여하고 있다.

지금까지 살펴본 〈성질〉에 관한 분절구조를 도식화하면 [그림 15]와 같다.

[그림 15] 〈성질〉 분절구조

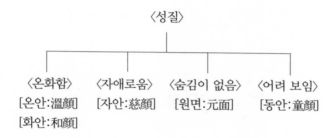

(168) 낯짝

(169) 얼굴짝

(170) 얼굴판

(171) 광대

(168)은 {'낯'을 속되게 이르는 말}로 풀이되면서 〈얼굴＋전체＋인식방식＋낮춤〉의 특성을 문제삼고 있다.[10] (169), (170), (171)은 {'얼굴'을

---

10 {'낯'을 속되게 이르는 말}로 풀이되는 [낯판], [낯바닥], [낯바대기], [낯빼기]도
     같은 내용을 문제삼고 있다.

낮잡아 이르는 말]로 풀이되면서 (168)과 같은 특성을 문제삼고 있다. 빈도수에 있어서는 [낮짝]이 가장 많이 쓰이고 있다. 그리고 〈얼굴〉의 〈주체〉에서 다루어졌던 [용안:龍顏], [성안:聖顏], [성면:聖顏], [옥안:玉顏], [천안:天顏]은 〈인식방식〉의 〈높임〉의 분절에 관여하고 있다.

〈인식방식〉에 관한 분절구조를 도식화하면 [그림 16]과 같다.

[그림 16] 〈인식방식〉 분절구조

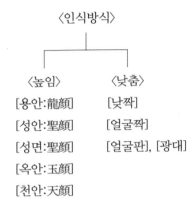

❷ 〈눈〉 명칭 분절구조

〈눈〉은 뇌에 시각(視覺)을 전달하는 빛의 감각기관으로, 〈눈〉의 개념은 {빛의 자극을 받아 물체를 볼 수 있는 감각기관}, {시력:視力}, {사물을 보고 판단하는 힘}, {무엇을 보는 표정이나 태도}, {사람들의 눈길}, {태풍에서 중심을 이루는 부분}으로 풀이된다. 이 연구에서는 {빛의 자극을 받아 물체를 볼 수 있는 감각기관}, {시력:視力}이라는 내용을 가

지고 〈눈〉 명칭의 분절구조에 대하여 살펴볼 것이다.[11] 〈눈〉 분절구조는
[눈]이 원어휘소의 자리를 차지하고 있으며 그 아래는 〈전체〉와 〈부위〉
로 하위분절된다. 〈전체〉는 〈상태〉, 〈성질〉, 〈인식방식〉에 의하여 하위
분절되고, 〈부위〉는 〈내부〉와 〈외부〉에 의하여 하위분절된다. 〈전체〉
의 〈상태〉는 〈모양〉, 〈시력〉, 〈미추〉, 〈감정〉, 〈병〉으로 하위분절되며,
〈성질〉은 〈능력〉에 의하여, 〈인식방식〉은 〈높임〉과 〈낮춤〉에 의하여
하위분절된다. 〈부위〉의 〈내부〉는 〈자위〉와 〈구멍〉에 의하여, 〈외부〉
는 〈털〉, 〈가장자리〉, 〈귀 쪽으로 째진 부분〉, 〈눈살〉, 〈덮개〉로 하위분
절된다.

(172) 눈

(172)는 {빛의 자극을 받아 물체를 볼 수 있는 감각기관}으로 풀이되
면서 〈머리＋부위＋전/후＋전＋얼굴＋부위＋눈〉의 특성을 문제삼고
있다.

〈눈〉 명칭 분절구조의 기본구조를 도식화하면 [그림 17]과 같다.

---

11 '눈', '코', '입', '귀'는 서로 계단대립을 이루고 있는데, 이러한 대립은 [이목구비
    (耳目口鼻)], 눈과 코를 같이 나타내는 [눈코]와 같은 낱말을 통하여 나타나고 있
    다.

[그림 17] 〈눈〉 명칭의 기본구조

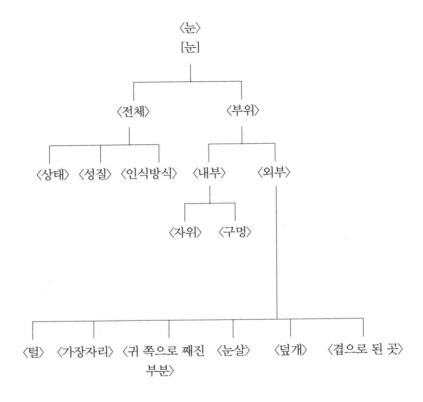

(173) 눈매

(174) 눈맵시

(173)은 {눈이 생긴 모양새}로 풀이되면서 〈눈＋전체＋상태＋모양〉의 특성을 문제삼고 있다. (174)는 {눈매}로 풀이되면서 〈눈＋전체＋상태＋모양＋모습의 강조〉라는 특성을 문제삼고 있다.[12]

---

[12] {눈이 생긴 모양새}로 풀이되는 [눈모]도 같은 방법으로 해명될 수 있다.

(175) 눈딱부리

(175)는 {크고 툭 불거진 눈}으로 풀이되면서 〈눈＋전체＋상태＋모양＋크기＋넓이＋큼〉의 특성을 문제삼고 있다.

(176) 가는눈
(177) 실눈
(178) 샛눈
(179) 속눈

(176)은 {가늘게 뜬 눈}으로 풀이되면서 〈눈＋전체＋상태＋모양＋크기＋넓이＋작음＋가늘게 뜸〉의 특성을 문제삼고 있다. (177)은 {가늘고 작은 눈}으로 풀이되면서 〈눈＋전체＋상태＋모양＋크기＋넓이＋작음＋실 같음〉의 특성을 문제삼고 있다. (178)은 {감은 듯이 하면서 아주 가느다랗게 뜨고 보는 눈}으로 풀이되면서 〈눈＋전체＋상태＋모양＋크기＋넓이＋작음＋감은 듯함〉의 특성을 문제삼고 있다. (179)는 {눈을 감은 체하면서 조금 뜨는 눈}으로 풀이되면서 〈눈＋전체＋상태＋모양＋크기＋넓이＋작음＋감은 체함〉의 특성을 문제삼고 있다.

(180) 반눈(半-)
(181) 뱁새눈
(182) 좁쌀눈

(180)은 {절반쯤 뜬 눈}으로 풀이되면서 〈눈＋전체＋상태＋모양＋크기＋넓이＋작음＋절반쯤 뜸〉의 특성을 문제삼고 있다. (181)은 {작

고 가늘게 째진 눈]으로 풀이되면서 〈눈＋전체＋상태＋모양＋크기＋넓이＋작음＋가늘게 째짐〉의 특성을 문제삼고 있다. (182)는 {매우 작은 눈}으로 풀이되면서 〈눈＋전체＋상태＋모양＋크기＋넓이＋매우 작음〉의 특성을 문제삼고 있다.

(183) 고리눈
(184) 환안(環眼)

(183)은 {동그랗게 생긴 눈}으로 풀이되면서 〈눈＋전체＋상태＋모양＋크기＋넓이＋동그랗게 생김〉의 특성을 문제삼고 있다. (184)도 {동그랗게 생긴 눈}으로 풀이되면서 (181)과 같은 특성을 문제삼고 있다.

(185) 오목눈
(186) 옴팍눈
(187) 움펑눈
(188) 우물눈

(185)는 {오목하게 들어간 눈}으로 풀이되면서 〈눈＋전체＋상태＋모양＋크기＋부피＋들어감＋오목함〉의 특성을 문제삼고 있다. (186)은 {옴폭하게 들어간 눈}으로 풀이되면서 〈눈＋전체＋상태＋모양＋크기＋부피＋들어감＋옴폭함〉의 특성을 문제삼고 있다. (187)은 {움푹 들어간 눈}으로 풀이되면서 〈눈＋전체＋상태＋모양＋크기＋부피＋들어감＋움푹함〉의 특성을 문제삼고 있다. (188)은 {우물처럼 푹 들어간 눈}으로 풀이되면서 〈눈＋전체＋상태＋모양＋크기＋부피＋들어감＋우물처럼

들어감〉의 특성을 문제삼고 있다.

(189) 퉁방울눈

(190) 개구리눈

(191) 두꺼비눈

(189)는 {퉁방울처럼 불거진 둥그런 눈}으로 풀이되면서 〈눈＋전
체＋상태＋모양＋크기＋부피＋나옴＋퉁방울처럼 불거짐〉의 특성을
문제삼고 있다. (190)은 {둥그렇게 불거져 나온 눈을 비유적으로 이르
는 말}로 풀이되면서 〈눈＋전체＋상태＋모양＋크기＋부피＋나옴＋둥
그렇게 불거짐〉의 특성을 문제삼고 있다. (191)은 {눈알이 튀어나온 눈
을 비유적으로 이르는 말}로 풀이되면서 〈눈＋전체＋상태＋모양＋크
기＋부피＋나옴〉의 특성을 문제삼고 있다.

　위의 낱말들은 〈눈〉의 〈모양〉에 따른 분절구조 중 〈크기〉에 관한 분
절구조를 나타낸 것이다. 이것을 도식화하면 [그림 18]과 같다.

[그림 18] 〈상태-모양〉 분절구조 (1)

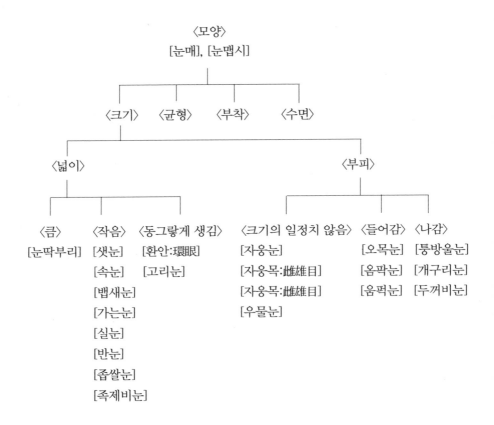

(192) 사팔눈

(193) 사(시)안(斜視眼)

(192)는 {사팔눈}으로 풀이되면서 〈눈＋전체＋상태＋모양＋균형＋시선＋불일치〉의 특성을 문제삼고 있다. (193)도 같은 특성을 문제삼고 있다.

(194) 곁눈

(194)는 {얼굴을 돌리지 아니하고 눈알만 굴려서 보는 눈}으로 풀이
되면서 〈눈＋전체＋상태＋모양＋균형＋시선＋눈알만 굴림〉의 특성을
문제삼고 있다.

(195) 딴눈

(195)는 {다른 곳을 보는 눈}으로 풀이되면서 〈눈＋전체＋상태＋모
양＋균형＋시선＋다른 곳을 봄〉의 특성을 문제삼고 있다.

(196) 한눈

(196)은 {마땅히 볼 데를 보지 아니하고 딴 데를 보는 눈}으로 풀이
되면서, 〈눈＋전체＋상태＋모양＋균형＋시선＋딴 곳을 봄〉의 특성을
문제삼고 있다. 또한 이 낱말은 {잠을 자려고 잠깐 붙일 때의 눈}이라
는 특성도 같이 문제삼고 있다. 이러한 내용으로 인하여 [한눈]은 〈상
태〉의 〈모양〉의 〈수면〉의 분절에도 관여하고 있다.

(197) 먼눈

(197)은 {먼 곳을 보는 눈}으로 풀이되면서 〈눈＋전체＋상태＋모
양＋균형＋시선＋먼 곳을 봄〉의 특성을 문제삼고 있다. 또한 이 낱말은
{시력을 잃어 보이지 아니하는 눈}이라는 특성도 같이 문제삼고 있다.

(198) 찔꺽눈

(199) 짤깍눈

(200) 감안(疳眼)

(198)은 {눈가가 늘 진물진물한 눈}으로 풀이되면서 〈눈＋전체＋상태＋모양＋균형＋진무름〉의 특성을 문제삼고 있다. (199)는 {항상 눈가가 진무른 눈}으로 풀이되면서 (197)과 같은 특성을 문제삼고 있다. (200)은 {헐어서 진무른 눈}으로 풀이되면서 〈눈＋전체＋상태＋모양＋균형＋진무름＋헒〉의 특성을 문제삼고 있다.

(201) 양안(兩眼)

(202) 쌍안(雙眼)

(203) 양목(兩目)

(204) 쌍모(雙眸)

(201)은 {양쪽의 두 눈}으로 풀이되면서 〈눈＋전체＋상태＋모양＋정도＋위치＋양쪽〉의 특성을 문제삼고 있다. (202)~(204)는 {양안(兩眼)}으로 풀이되면서 (201)과 같은 특성을 문제삼고 있다.

(205) 외눈

(206) 척안(隻眼)

(207) 편목(便目)

(205)는 {두 눈에서 한 눈을 감고 다른 한 눈으로 볼 때 뜬 눈}으로 풀이되면서 〈눈＋전체＋상태＋모양＋정도＋위치＋한쪽〉의 특성을 문

제삼고 있다. (206), (207)도 같은 특성을 문제삼고 있다.

　　(208) 좌안(左眼)
　　(209) 우안(右眼)

　　(208)은 {왼쪽 눈}으로 풀이되면서, 〈눈＋전체＋상태＋모양＋정도＋
위치＋왼쪽〉의 특성을 문제삼고 있다. (209)는 {오른쪽 눈}으로 풀이되
면서 〈눈＋전체＋상태＋모양＋정도＋위치＋오른쪽〉의 특성을 문제삼
고 있다.

　　(210) 밥풀눈

　　(210)은 {눈꺼풀에 밥알 같은 군살이 붙어 있는 눈}으로 풀이되면서,
〈눈＋전체＋상태＋모양＋정도＋위치＋양쪽＋눈꺼풀에 군살이 붙음〉
의 특성을 문제삼고 있다.

　　(211) 갈고리눈

　　(211)은 {눈꼬리가 위로 째져 치켜 올라간 눈}으로 풀이되면서 〈눈＋
전체＋상태＋모양＋정도＋위치＋양쪽＋눈꼬리가 올라감〉의 특성을
문제삼고 있다.

　　(212) 낚시눈

　　(212)는 {낚싯바늘처럼 눈초리가 꼬부라져 올라간 눈}으로 풀이되

면서 〈눈+전체+상태+모양+정도+위치+양쪽+눈초리가 올라감〉
의 특성을 문제삼고 있다.

(213) 봉안(鳳眼)
(214) 봉목(鳳目)

(213)은 {봉의 눈같이 가늘고 길며 눈초리가 위로 째지고 붉은 기운
이 있는 눈}으로 풀이되면서 〈눈+전체+상태+모양+정도+위치+양
쪽+눈초리가 위로 째짐+가늘고 긺+붉은 기운이 있음〉의 특성을 문
제삼고 있다. (214)도 (213)과 같은 특성을 문제삼고 있다.

(215) 들창눈

(215)는 {눈꺼풀이 들창처럼 위로 쳐들려 있는 눈}으로 풀이되면서,
〈눈+전체+상태+모양+정도+위치+양쪽+눈꺼풀이 위로 쳐들림〉
의 특성을 문제삼고 있다. 〈신체〉에 속한 전체 낱말 중에서 쳐들려 올
라간 부위를 나타내는 표현은 [들창눈], [들창코]이다.

(216) 거적눈

(216)은 {윗눈시울이 축 처진 눈}으로 풀이되면서 〈눈+전체+상
태+모양+정도+위치+양쪽+윗눈시울이 처짐〉의 특성을 문제삼고
있다.

(217) 쌍꺼풀눈

(217)은 {상꺼풀이 진 눈}으로 풀이되면서, 〈눈＋전체＋상태＋모양＋정도＋위치＋양쪽＋쌍꺼풀이 짐〉의 특성을 문제삼고 있다.

(218) 자웅눈(雌雄−)

(219) 자웅목(雌雄目)

(220) 짝눈

(218), (219)는 {한쪽은 크고 한쪽은 작은 눈}으로 풀이되면서 〈눈＋전체＋상태＋모양＋크기＋부피＋크기의 일정치 않음〉의 특성을 문제삼고 있다. (220)은 {짝짝이로 생긴 눈}으로 풀이되면서 (218), (219)와 같은 특성을 문제삼고 있다.

(221) 녹안(綠眼)

(222) 벽안(碧眼)

(221)은 {검은자위가 녹색인 눈}으로 풀이되면서, 〈눈＋전체＋상태＋모양＋정도＋색채＋검은자위＋녹색〉의 특성을 문제삼고 있다. (222)는 {눈동자가 파란 눈}으로 풀이되면서, 〈눈＋전체＋상태＋모양＋정도＋색채＋검은자위＋파란색〉의 특성을 문제삼고 있다.

(223) 취안(醉眼)

(224) 취모(醉眸)

(223)은 {술에 취한 눈}으로 풀이되면서, 〈눈＋전체＋상태＋모양＋정도＋색채＋붉은색＋취기〉의 특성을 문제삼고 있다. (224)도 같은 특

성을 문제삼고 있다.

    (225) 생눈(生-)
    (226) 병안(病眼)

(225)는 {아프지도 다치지도 아니한 멀쩡한 눈}으로 풀이되면서
〈눈＋전체＋상태＋모양＋정도＋색채＋병색＋없음〉의 특성을 문제삼
고 있다. (226)은 {병들어 건강하지 못한 눈}으로 풀이되면서 〈눈＋전
체＋상태＋모양＋정도＋색채＋병색＋있음〉의 특성을 문제삼고 있다.

    (227) 맨눈
    (228) 육안(肉眼)
    (229) 나안(裸眼)

(227)은 {안경이나 망원경, 현미경 따위를 이용하지 아니하고 직접
보는 눈}으로 풀이되면서, 〈눈＋전체＋상태＋모양＋부착＋없음〉의 특
성을 문제삼고 있다. (228), (229)도 같은 특성을 문제삼고 있다.

    (230) 뜬눈

(230)은 {밤에 잠을 이루지 못한 눈}으로 풀이되면서 〈눈＋전체＋
상태＋수면＋잠을 못 잠〉의 특성을 문제삼고 있다.
    지금까지의 낱말들은 〈눈〉의 〈모양〉에 따른 분절구조 중 〈균형〉,
〈부착〉, 〈수면〉에 관한 분절구조를 나타낸 것이다. 이것을 도식화하면
[그림 19], [그림 20], [그림 21]과 같다.

[그림 19] 〈상태-모양〉 분절구조 (2)

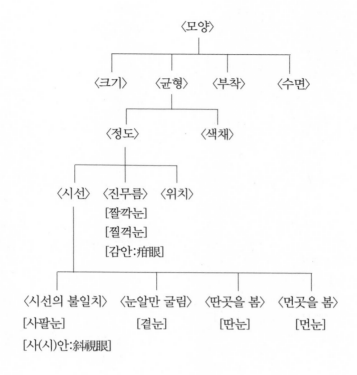

[그림 20] 〈상태-모양〉 분절구조 (3)

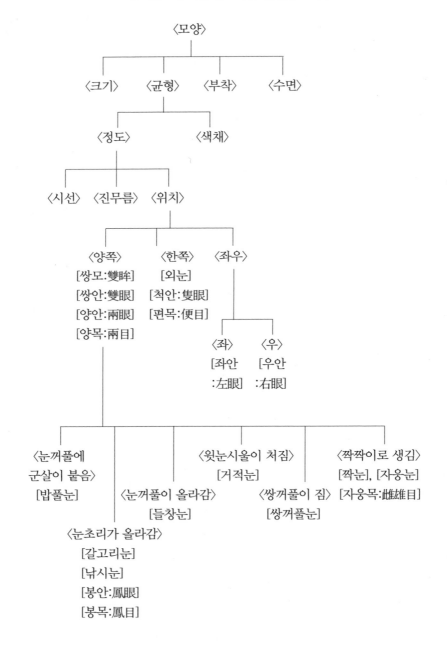

[그림 21] 〈상태-모양〉 분절구조 (4)

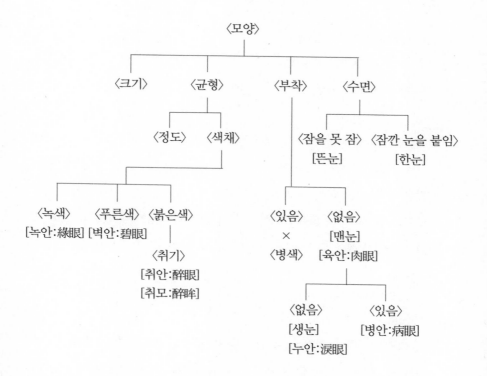

(231) 정(시)(안)(正視眼)

(231)은 {바른 시력의 눈}으로 풀이되면서, 〈눈＋전체＋상태＋시력＋잘 보임〉의 특성을 문제삼고 있다.

(232) 노안(老眼)

(232)는 {늙어서 시력이 나빠진 눈}으로 〈눈＋전체＋상태＋시력＋

잘 보이지 않음＋나이＋많음〉의 특성을 문제삼고 있다.

(233) 근(시)안(近視眼)

(234) 졸보기눈

(235) 바투보기눈

(236) 단시(短視)

(233)은 {시력이 약하여 가까운 데 있는 것은 잘 보아도 먼 데 있는 것은 잘 보지 못하는 눈}으로 풀이되면서, 〈눈＋전체＋상태＋시력＋잘 보이지 않음＋근시성〉의 특성을 문제삼고 있다. (234), (235), (236)도 같은 특성을 문제삼고 있다.

(237) 복시(안)(複視眼)

(237)은 {한 물체가 둘로 겹쳐서 보이는 눈}으로 풀이되면서, 〈눈＋전체＋상태＋시력＋잘 보이지 않음＋복시성〉의 특성을 문제삼고 있다.

(238) 원(시)안(遠視眼)

(239) 돋보기눈

(240) 멀리보기눈

(238)은 {시력이 약하여 가까이 있는 물체를 잘 볼 수 없는 눈}으로 풀이되면서, 〈눈 전체＋상태＋시력＋잘 보이지 않음＋원시성〉의 특성을 문제삼고 있다. (239), (240)은 {원시안}으로 풀이되면서 (238)과 같

은 특성을 문제삼고 있다.

(241) 작목(雀目)

(241)은 {밤눈이 어두운 눈}으로 풀이되면서, 〈눈＋전체＋상태＋시력＋잘 보이지 않음＋명암＋밤눈이 어두움〉의 특성을 문제삼고 있다.

(242) 난시(안)(亂視眼)
(243) 어릿보기눈

(242), (243)은 {난시 때문에 물체를 명확하게 볼 수 없는 눈}으로 풀이되면서, 〈눈＋전체＋상태＋시력＋잘 보이지 않음＋난시성〉의 특성을 문제삼고 있다.

(244) 맹목(盲目)
(245) 애꾸(눈)
(246) 반소경

(244)는 {눈이 멀어서 보지 못하는 눈}으로 풀이되면서 〈눈＋전체＋상태＋시력＋보이지 않음〉의 특성을 문제삼고 있다. (245), (246)는 {한쪽눈이 먼 눈}으로 풀이되면서, 〈눈＋전체＋상태＋시력＋보이지 않음＋한쪽〉의 특성을 문제삼고 있다.[13]

지금까지 〈눈〉의 〈상태〉 분절구조 중 〈시력〉에 대하여 살펴보았다.

13　[일척안(一隻眼)], [독안(獨眼)], [반맹(半盲)]도 같은 특성을 문제삼고 있다.

이것을 도식화하면 [그림 22]와 같다.

[그림 22] 〈상태-시력〉 분절구조

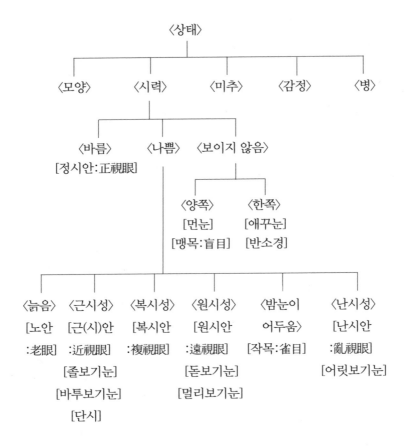

(247) 옥안(玉眼)

(247)은 {아름다운 눈}으로 풀이되면서 〈눈＋전체＋상태＋아름다

움〉의 특성을 문제삼고 있다.

(248) 샛별눈
(249) 형안(炯眼)

(248), (249)는 {샛별같이 반짝거리는 맑고 초롱초롱한 눈}으로 풀이
되면서 〈눈＋전체＋상태＋아름다움＋반짝거림〉의 특성을 문제삼고 있
다.

(250) 자안(慈眼)

(250)은 {자애로운 눈}으로 풀이되면서 〈눈＋전체＋상태＋아름다
움＋자애로움〉의 특성을 문제삼고 있다.
지금까지 〈눈〉의 〈상태〉 분절구조 중 〈미추〉에 대하여 살펴보았다.
이것을 도식화하면 [그림 23]과 같다.

[그림 23] 〈상태-미추〉 분절구조

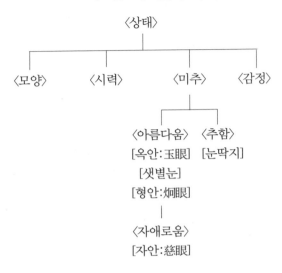

(251) 갈퀴눈

(252) 도끼눈

(253) 노목(奴目)

(254) 가자미눈

(251)은 {화가 나서 눈시울이 갈퀴 모양으로 모가 난 험상스러운 눈}으로 풀이되면서 〈눈+전체+상태+감정+화가 남+눈시울이 갈퀴 모양으로 됨〉의 특성을 문제삼고 있다. (252)는 {분하거나 미워서 매섭게 쏘아 노려보는 눈을 비유적으로 이르는 말}으로 풀이되면서 〈눈+전체+상태+감정+화가 남+분함+미움〉의 특성을 문제삼고 있다. (253)은 {노기가 서린 눈 또는 성난 눈}으로 풀이되면서 〈눈+전체+상

태＋감정＋화가 남＋노기가 서림〉의 특성을 문제삼고 있다. (254)는
{화가 나서 옆으로 흘겨보는 눈}으로 풀이되면서 〈눈＋전체＋상태＋감
정＋화가 남＋흘겨봄〉의 특성을 문제삼고 있다.

(255) 가시눈
(256) 송곳눈

(255)는 {날카롭게 쏘아보는 눈을 비유적으로 이르는 말}로 풀이되
면서 〈눈＋전체＋상태＋감정＋화가 남＋쏘아봄〉의 특성을 문제삼고
있다. (256)도 같은 특성을 문제삼고 있다.

(257) 사안(邪眼)

(257)은 {사악한 눈}으로 풀이되면서 〈눈＋전체＋상태＋감정＋사악
함〉의 특성을 문제삼고 있다.

(258) 백안(白眼)

(258)은 {업신여기거나 냉대하여 흘겨보는 눈}으로 풀이되면서 〈눈
전체＋상태＋감정＋업신여김＋냉대함〉의 특성을 문제삼고 있다.

(259) 독수리눈
(260) 족제비눈

(259)는 {날카롭고 매서운 눈을 비유적으로 이르는 말}로 풀이되면

서 〈눈＋전체＋상태＋감정＋매서움＋날카로움〉의 특성을 문제삼고 있다. (260)는 {작고 매서운 눈}으로 풀이되면서 〈눈＋전체＋상태＋감정＋매서움＋작음〉의 특성을 문제삼고 있다. 이 낱말은 〈눈〉의 〈상태－모양－크기〉의 분절에도 관여하고 있다.

(261) 공안(公眼)

(261)은 {여러 사람의 공정한 눈}으로 풀이되면서 〈눈＋전체＋상태＋감정＋공정함〉의 특성을 문제삼고 있다.

(262) 누안(淚眼)

(262)는 {눈물이 글썽글썽 어린 눈}으로 풀이되면서 〈눈＋전체＋상태＋감정＋슬픔〉의 특성을 문제삼고 있다. 또한 이 낱말은 {병으로 인하여 눈물이 나오는 눈}이라는 특성도 같이 문제삼고 있다.

〈상태〉에 따른 분절구조 중 〈감정〉에 따른 그 하위분절구조를 도식화하면 [그림 24]와 같다.

[그림 24] 〈감정-감정〉 분절구조

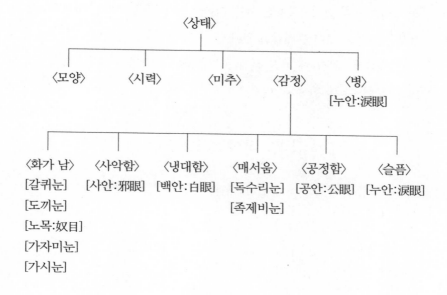

(263) 감식안(鑑識眼)

(264) 신안(神眼)

(263)은 {어떤 사물의 가치나 진위 따위를 구별하여 알아내는 눈}으로 풀이되면서 〈눈+전체+성질+능력+있음+사물의 가치를 구별함〉의 특성을 문제삼고 있다. (264)는 {지술이나 관상술에 정통한 눈}으로 풀이되면서 〈눈+전체+성질+능력+있음+지술이나 관상술에 정통함〉의 특성을 문제삼고 있다.

(265) 까막눈

(265)는 {글을 읽을 줄 모르는 무식한 사람의 눈}으로 풀이되면서

〈눈+전체+성질+능력+없음+글을 읽을 줄 모름〉의 특성을 문제삼고 있다. 또 이 낱말은 [어떤 일에 대하여 아무것도 모르는 사람의 눈]이라는 특성도 같이 문제삼고 있다.

지금까지 〈성질〉에 따른 분절구조에 따른 그 하위분절구조를 [그림 25]와 같이 도식화할 수 있다.

[그림 25] 〈성질〉 분절구조

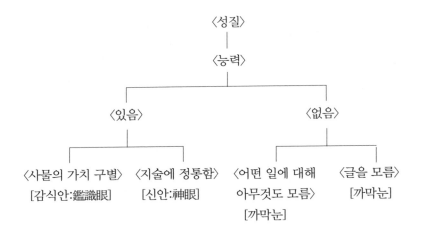

(266) 천안(天眼)

(266)은 [임금의 눈을 높여 이르는 말]로 풀이되면서 〈눈+인식방식+높임+주체+임금〉의 특성을 문제삼고 있다.

(267) 눈꼴

(268) 외눈깔

(269) 동태눈

(270) 눈딱지

(267)은 {'눈의 생김새나 움직이는 모양'을 낮잡아 이르는 말}로 풀이
되면서 〈눈＋인식방식＋낮춤〉의 특성을 문제삼고 있다. (268)은 {'외눈'
을 속되게 이르는 말}로 풀이되면서 〈눈＋인식방식＋낮춤＋대상＋외
눈〉의 특성을 문제삼고 있다. (269)는 {'흐릿하고 생기가 없어 보이는 사
람의 눈'을 속되게 이르는 말}로 풀이되면서 〈눈＋인식방식＋낮춤＋흐
릿하고 생기가 없음〉의 특성을 문제삼고 있다. (270)은 {'보기에 험상궂
고 흉한 눈매'를 낮잡아 이르는 말}로 풀이되면서 〈눈＋전체＋상태＋모
양＋인식방식＋낮춤＋대상＋험상궂고 흉함〉의 특성을 문제삼고 있다.

지금까지 〈눈〉의 〈인식방식〉의 분절구조를 살펴보았다. 그 내용을
도식화하면 [그림 26]과 같다.

[그림 26] 〈인식방식〉 분절구조

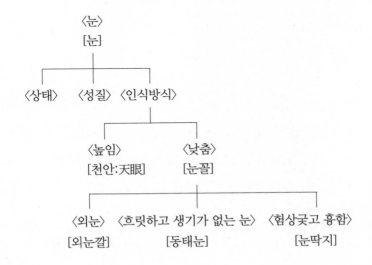

(271) 눈자위

(272) 검은자(위)

(273) 흰자(위)

　(271)은 {눈알의 언저리}로 풀이되면서 〈눈＋부위＋내부＋자위〉
의 특성을 문제삼고 있다. (272)는 {눈알의 검은 부분}으로 풀이되면
서 〈눈＋부위＋내부＋자위＋색깔＋검은색〉의 특성을 문제삼고 있다.
(273)은 {눈알의 흰 부분}으로 풀이되면서 〈눈＋부위＋내부＋자위＋색
깔＋흰색〉의 특성을 문제삼고 있다.[14]

(274) 눈구멍

　(274)는 {눈알이 박힌 구멍}으로 풀이되면서 〈눈＋부위＋내부＋구
멍＋위치＋눈알이 박힌 곳〉의 특성을 문제삼고 있다.[15]

(275) 눈알

(276) 안구(眼球)

(277) 눈방울

　(275)는 {척추동물의 시각 기관인 눈구멍 안에 박혀 있는 공 모양의
기관}으로 풀이되면서 〈눈＋부위＋내부＋구멍＋위치＋눈알＋모양＋
공과 같음〉의 특성을 문제삼고 있다. (276)은 {눈알을 전문적으로 이르
는 말}로 풀이되면서 (275)와 같은 특성을 문제삼고 있다. 이 단어는 전

14　[백목(白目)], [천곽(天廓)]도 같은 특성을 문제삼고 있다.

15　[안과(眼菓)], [안공(眼孔)], [안와(眼窩)], [안확(眼廓)]도 같은 특성을 문제삼고 있다.

문용어이지만 '안구 기증자' 같은 경우에서처럼 일상생활에서 널리 쓰이고 있다. (277)은 {정기가 있고 총명해 보이는 눈알}로 풀이되면서 〈눈＋부위＋내부＋구멍＋위치＋눈알＋모양＋공＋상태＋정기가 있고 총명해 보임〉의 특성을 문제삼고 있다.[16]

(278) 눈깔

(278)은 {'눈알'을 속되게 이르는 말}로 풀이되면서 〈눈＋부위＋내부＋구멍＋위치＋눈알＋모양＋공＋인식방식＋낮춤〉의 특성을 문제삼고 있다.

(279) 눈망울

(279)는 {눈알 앞쪽의 도톰한 곳}으로 풀이되면서 〈눈＋부위＋내부＋구멍＋위치＋눈알＋앞쪽}의 특성을 문제삼고 있다.[17] 그리고 이 단어는 {눈알}이라는 특성도 같이 문제삼고 있다.

(280) 눈동자(-瞳子)
(281) 동공(瞳孔)

(280), (281)은 {눈알의 한가운데 있는, 빛이 들어가는 부분}으로 풀이되면서 〈눈＋부위＋내부＋구멍＋위치＋눈알＋한가운데＋기능＋빛

---

16 {눈 안의 수정체를 둘러싸고 있는 근육성의 조직}으로 [모양체(毛樣體)]가 있다.
17 [안주(眼珠)]도 {눈알 앞쪽의 도톰한 곳}이라는 특성을 문제삼고 있다.

이 들어감〉의 특성을 문제삼고 있다.[18]

(282) 눈구석

(282)는 {코 쪽으로 향한 눈의 안쪽 구석}으로 풀이되면서 〈눈+부위+내부+구멍+위치+구석+코쪽으로 향함〉의 특성을 문제삼고 있다.
위의 낱말들은 〈부위〉의 〈내부〉에 관한 분절구조를 나타낸 것이다. 이것을 도식화하면 [그림 27], [그림 28]과 같다.

[그림 27] 〈내부〉에 관한 분절구조 (1)

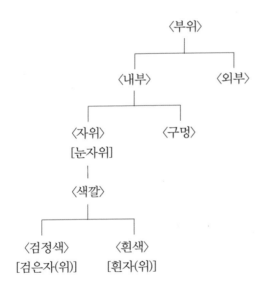

---

18 [모자(眸子)], [동자(瞳子)], [안정(眼睛)], [수륜(水輪)], [수확(水廓)], [정모(睛眸)], [노자(瞳子)]도 같은 [눈동자]와 같은 특성을 문제삼고 있다.

[그림 28] 〈내부〉에 관한 분절구조 (2)

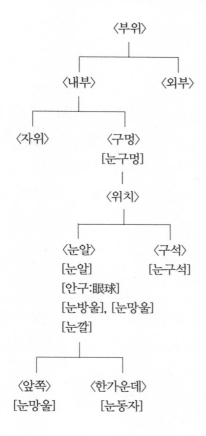

(283) 눈썹

(284) 미모(眉毛)

(283), (284)는 {두 눈두덩 위나 눈시울에 가로로 모여 난 짧은 털}로
풀이되면서 〈눈＋부위＋외부＋털＋위치＋눈두덩 위〉의 특성을 문제삼

고 있다.

(285) 수미(殊眉)
(286) 실눈썹

(285)는 {빼어나게 아름다운 눈썹}으로 풀이되면서 〈눈＋부위＋외부＋털＋위치＋눈두덩 위＋모양＋빼어나게 아름다움〉의 특성을 문제삼고 있다. (286)은 {실처럼 가는 눈썹}으로 풀이되면서 〈눈＋부위＋외부＋털＋위치＋눈두덩 위＋모양＋실처럼 가늚〉의 특성을 문제삼고 있다.

(287) 수미(壽眉)

(287)은 {늙은이의 눈썹에서 가장 길게 뻗은 눈썹}으로 풀이되면서 〈눈＋부위＋외부＋털＋위치＋눈두덩 위＋모양＋가장 긺＋주체＋노인〉의 특성을 문제삼고 있다.

(288) 겉눈썹
(289) 속눈썹

(288)은 {양쪽 눈두덩 위에 가로줄로 모여 난 짧은 털}로 풀이되면서 〈눈＋부위＋외부＋털＋위치＋눈두덩 위＋눈썹의 위치＋겉〉의 특성을 문제삼고 있다. (289)는 {눈시울에 난 털}로 풀이되면서 〈눈＋부위＋외부＋털＋눈썹의 위치＋속〉의 특성을 문제삼고 있다.

(290) 윗눈썹

(291) 아랫눈썹

(290)은 {윗눈시울에 난 속눈썹}으로 풀이되면서 〈눈＋부위＋외부＋
털＋눈썹의 위치＋속＋내부 위치＋위〉의 특성을 지닌다. (291)은 {아랫
눈시울에 난 속눈썹}으로 풀이되는 것으로 이것은 〈눈＋부위＋외부＋
털＋눈썹의 위치＋속＋내부 위치＋아래〉의 특성을 문제삼고 있다.

(292) (양)미간(兩眉間)

(293) 쌍미(雙眉)

(294) 쌍아(雙蛾)

(292)는 {두 눈썹 사이]로 풀이되면서 〈눈＋부위＋외부＋털＋위치＋
눈두덩 위＋사이〉의 특성을 문제삼고 있다. (293)은 {좌우 양쪽의 눈
썹}으로 풀이되면서 〈눈＋부위＋외부＋털＋위치＋눈두덩 위＋양쪽〉의
특성을 문제삼고 있다. (294)는 {미인의 고운 두 눈썹}으로 풀이되면서
〈눈＋부위＋외부＋털＋위치＋눈두덩 위＋양쪽＋주체＋미인〉의 특성
을 문제삼고 있다.

(295) 수미(愁眉)

(295)는 {근심에 잠겨 찌푸린 눈썹}으로 풀이되면서 〈눈＋부위＋외
부＋털＋눈두덩 위＋상태＋감정＋근심〉의 특성을 문제삼고 있다.

〈부위〉의 〈외부〉에 관한 분절구조 중 〈털〉에 관한 분절구조를 도식
화하면 [그림 29], [그림 30]과 같다.

[그림 29] 〈외부〉에 관한 분절구조 ⑴

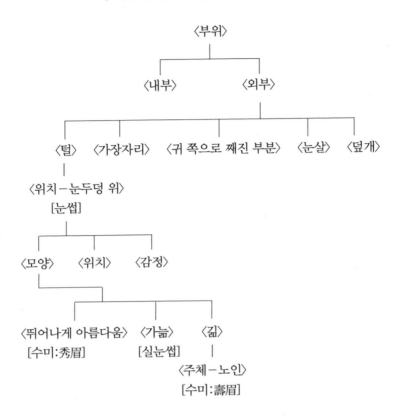

[그림 30] 〈외부〉에 관한 분절구조 (2)

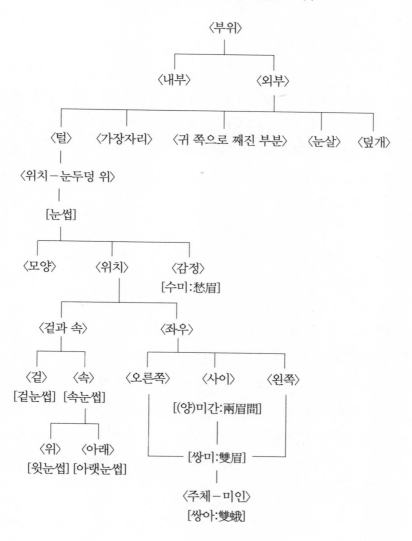

(296) 눈가(장)

(297) 눈언저리

(298) 눈창

(296)은 {눈의 가장자리나 주변}으로 풀이되면서 〈눈＋부위＋외부＋가장자리〉의 특성을 문제삼고 있다. (297)은 {눈가}로 풀이되면서 (296)과 같은 특성을 문제삼고 있다.[19] (298)은 {눈알을 둘러싼 언저리}로 풀이되면서 〈눈＋부위＋외부＋가장자리＋위치＋눈알을 둘러싼 곳〉의 특성을 문제삼고 있다.

(299) 눈두덩

(300) 눈퉁이

(301) 눈가죽

(299)는 {눈언저리의 두두룩한 곳}으로 풀이되면서 〈눈＋부위＋외부＋가장자리＋두두룩한 곳〉의 특성을 문제삼고 있다. (300)은 {'눈두덩의 불룩한 곳'을 속되게 이르는 말}로 풀이되면서 〈눈＋부위＋외부＋위치＋가장자리＋두두룩한 곳＋인식방식＋낮춤〉의 특성을 문제삼고 있다. (301)은 {눈두덩의 살가죽}으로 풀이되면서 〈눈＋부위＋외부＋가장자리＋살가죽〉의 특성을 문제삼고 있다.

(302) 눈시울

(303) 아랫눈시울

---

19 [안변(眼邊)], [안연(眼緣)]도 같은 특성을 문제삼고 있다.

(302)는 {눈언저리의 속눈썹이 난 곳}으로 풀이되면서 〈눈＋부위＋외부＋가장자리＋속눈썹이 난 곳〉의 특성을 문제삼고 있다.[20] (303)은 {아래쪽의 눈시울}로 이것은 〈눈＋부위＋외부＋가장자리＋속눈썹이 난 곳＋아랫쪽〉의 특성을 문제삼고 있다.

(304) 눈초리

(304)는 {귀 쪽으로 째진 부분}으로 풀이되면서 〈눈＋부위＋외부＋귀 쪽으로 째진 부분〉의 특성을 문제삼고 있다.

(305) 눈살

(305)는 {양눈썹 사이에 있는 주름}으로 풀이되면서 〈눈＋부위＋외부＋눈살〉의 특성을 문제삼고 있다.

(306) 눈꺼풀
(307) 눈까풀

(306), (307)은 {눈알을 덮어 위아래로 움직이는 꺼풀}로 풀이되면서 〈눈＋부위＋외부＋덮개〉의 특성을 지닌다.[21]

(308) 쌍꺼풀

20　[목광(目眶)]도 같은 특성을 문제삼고 있다.
21　[안포(眼胞)], [안검(眼瞼)]도 같은 특성을 문제삼고 있다.

(309) 쌍까풀

(308), (309)는 {겹으로 된 눈꺼풀}로 풀이되면서 〈눈+부위+외부+
덮개+모양+겹으로 됨〉의 특성을 문제삼고 있다.

〈눈〉의 〈부위〉에 해당하는 분절구조 중에 〈외부〉의 〈가장자리〉, 〈귀
쪽으로 째진 부분〉, 〈눈살〉, 〈덮개〉에 관련된 내용을 도식화하면 [그림
31]과 같다.

[그림 31] 〈외부〉 분절구조

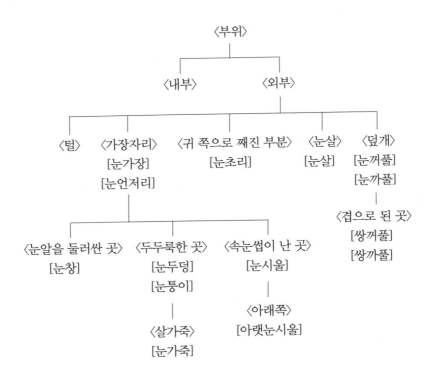

❸ 〈코〉 명칭 분절구조

〈코〉는 포유류의 얼굴 중앙에 튀어나온 부분으로 호흡을 하며 냄새를 맡는 구실을 하고 발성을 돕는다. 〈코〉는 신체의 한 부분을 나타내는 의미 이외에 {콧물}, {버선이나 신 따위의 앞 끝이 오똑하게 내민 부분}이라는 내용도 문제삼고 있다. [코]를 원어휘소로 하는 〈코〉 분절은 크게 〈전체〉와 〈부위〉로 하위분절되고, 〈전체〉는 〈상태〉, 〈성질〉, 〈인식방식〉에 의하여, 〈부위〉는 〈등성이〉, 〈콧구멍〉, 〈코밑〉, 〈콧살〉에 의하여 하위분절된다. 그 자세한 내용을 살펴보면 다음과 같다.

(310) 코

[코]는 {냄새를 맡거나 숨을 쉬는 기능의 감각기관}으로 풀이되면서 〈코〉 명칭 분절구조의 원어휘소의 자리를 차지하고 있다. 〈코〉 명칭 분절구조의 기본구조를 도식화하면 [그림 32]가 될 것이다.

[그림 32] 〈코〉 명칭의 기본구조

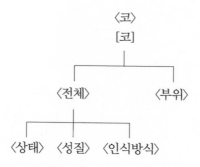

(311) 개발코

(312) 주먹코

(313) 주머니코

(311)은 {너부죽하고 뭉툭하게 생긴 코}를 비유적으로 이르는 말로 풀이되면서 〈코＋전체＋상태＋모양＋뭉툭함＋너부죽함〉의 특성을 문제삼고 있다. (312)는 {뭉툭하고 크게 생긴 코}로 풀이되면서 〈코＋전체＋상태＋모양＋뭉툭함＋큼(주먹처럼 생김)〉의 특성을 문제삼고 있다. (313)은 {뭉툭하고 볼품없이 생긴 코}로 풀이되면서 〈코＋전체＋상태＋모양＋뭉툭함＋주머니처럼 생김〉의 특성을 문제삼고 있다.

(314) 납작코

(314)는 {콧날이 서지 않고 납작하게 가로 퍼진 코}로 풀이되면서 〈코＋전체＋상태＋모양＋납작함〉의 특성을 문제삼고 있다.

(315) 넓적코

(316) 벌렁코

(315)는 {콧날이 서지 않고 넓적한 코}로 풀이되면서 〈코＋전체＋상태＋모양＋넓적함〉의 특성을 문제삼고 있다. (316)은 {넓적하게 벌어진 코}로 풀이되면서 〈코＋전체＋상태＋모양＋넓적함＋벌어짐〉의 특성을 문제삼고 있다.

(317) 전병코

(318) 벽장코

(317)은 {몹시 넓적하게 생긴 코를 놀림조로 이르는 말}로 풀이되면서 〈코＋전체＋상태＋모양＋몹시 넓적함＋인식방식＋낮춤〉의 특성을 문제삼고 있다. (318)은 {콧등이 넓적하고 그 가가 우묵하게 들어간 코}로 풀이되면서 〈코＋전체＋상태＋모양＋콧등이 넓적함＋콧등 주변이 우묵하게 들어감〉의 특성을 문제삼고 있다.

(319) 함실코

(319)는 {푹 빠져서 입천장과 맞뚫린 코}로 풀이되면서 〈코＋전체＋상태＋모양＋함실됨〉의 특성을 문제삼고 있다.

(320) 매부리코

(320)는 {매부리와 같이 코끝이 아래로 삐죽하게 숙은 코}로 풀이되면서 〈코＋전체＋상태＋모양＋코끝이 삐죽하게 숙음〉의 특성을 문제삼고 있다.

(321) 들창코
(322) 사자코

(321)은 {코끝이 위로 들려서 콧구멍이 드러나 보이는 코}로 풀이되면서 〈코＋전체＋상태＋모양＋코끝이 들림＋코끝이 보임〉의 특성을 문제삼고 있다. (322)는 {사자의 코처럼 벌름하고 넓적하게 생긴 들창

코}로 풀이되면서 〈코＋전체＋상태＋모양＋코끝이 들림＋넓적하게 생김〉의 특성을 문제삼고 있다.

(323) 활등코
(324) 안장코

(323)은 {콧등이 활등처럼 휘우듬하게 생긴 코}로 풀이되면서 〈코＋전체＋상태＋모양＋콧등이 휨〉의 특성을 문제삼고 있다. (324)는 {안장 모양처럼 등이 잘록한 코}로 풀이되면서 〈코＋전체＋상태＋모양＋등이 잘록함〉의 특성을 문제삼고 있다.

(325) 말코

(325)는 {코끝이 둥글넓적하고 콧구멍이 커서 벌름벌름하는 특징이 있는 코}로 풀이되면서 〈코＋전체＋상태＋모양＋코끝이 둥글넓적함＋콧구멍이 큼＋콧구멍이 벌름벌름함〉의 특성을 문제삼고 있다.

(326) 딸기코

(326)은 {코끝이 빨갛게 된 코}로 풀이되면서 〈코＋전체＋상태＋색깔＋붉음〉의 특성을 문제삼고 있다.[22]

---

22 국립국어연구원(2000)에 따르면, 한의학에서 쓰이는 전문용어로 붉은 색깔과 관련 있는 것으로 [주독코], [주부코]가 있다. [주독코]는 {술에 중독이 되어 코가 붉게 변하는 증상 또는 그런 코}로 풀이되고 [주부코]는 {비사증으로 부어오르고 붉은 점이 생긴 코}로 풀이되고 있다.

지금까지 〈코〉의 분절구조 중 〈상태〉에 분절구조에 관하여 살펴보았다. 이것을 도식화하면 [그림 33]과 같다.

[그림 33] 〈상태〉 명칭 분절구조 (1)

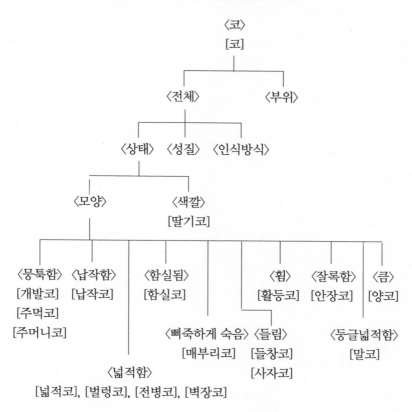

(327) 헛코

(327)은 {자는 체하느라고 일부러 고는 코}로 풀이되면서 〈코+전체+성질+자는 체함〉의 특성을 문제삼고 있다.

〈성질〉의 분절구조를 도식화하면 [그림 34]와 같다.

[그림 34] 〈성질〉 분절구조

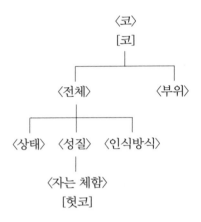

(328) 코(쭝)빼기

(328)은 {'코'를 속되게 이르는 말}로 풀이되면서 〈코+전체+인식방식+낮춤〉의 특성을 문제삼고 있다.

(329) 양코

(329)는 {서양 사람의 코를 놀림조로 이르는 말}로 풀이되면서 〈코＋전체＋인식방식＋낮춤＋주체＋서양 사람〉의 특성을 문제삼고 있다. 또한 이 낱말은 {높고 큰 코}라는 특성도 같이 문제삼고 있다. 이러한 내용으로 인하여 〈코〉 분절은 〈상태〉의 〈모양〉의 〈큼〉의 분절에도 관여하고 있다.[23]

〈코〉의 〈전체〉의 〈인식방식〉의 분절구조를 도식화하면 [그림 35]와 같다.

[그림 35] 〈인식방식〉 분절구조

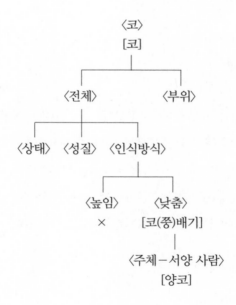

---

23 [양코]는 {높고 큰 코를 가진 사람을 놀림조로 이르는 말}이라는 내용을 문제삼고 있기도 하다. 코에 연관을 지어서 사람을 놀림조로 이르는 말로 이외에도 [양코배기], [코배기], [코쟁이], [코주부], [코머거리]가 있다.

(330) 콧등

(331) 코싸등이(콧사등이)

(332) 코끝

(330)은 {코의 등성이}로 풀이되면서 〈코＋부위＋콧등〉의 특성을 문제삼고 있다.[24] (331)은 {'콧등'을 속되게 이르는 말}로 풀이되면서 〈코＋부위＋콧등＋인식방식＋낮춤〉의 특성을 문제삼고 있다. (332)는 {콧등의 끝}으로 풀이되면서 〈코＋부위＋콧등＋위치＋끝〉의 특성을 문제삼고 있다.

(333) 콧마루

(334) 콧날

(335) 비선(鼻線)

(333)은 {콧등의 마루가 진 부분}으로 풀이되면서 〈코＋부위＋콧등＋위치＋마루〉의 특성을 문제삼고 있다. (334)는 {콧마루의 날을 이룬 부분}으로 풀이되면서 〈코＋부위＋콧등＋위치＋마루＋부위＋날을 이룬 부분〉의 특성을 문제삼고 있다. (335)도 (334)와 같은 특성을 문제삼고 있지만 입말에서는 거의 쓰이지 않는 것으로 보인다.

(336) 코허리

(337) 콧잔등(이)

(338) 콧대

---

24 [비척(鼻脊)]도 같은 특성을 문제삼고 있다.

(336)은 {콧등의 잘록한 부분}으로 풀이되면서 〈코＋부위＋콧등＋위치＋잘록한 부분〉의 특성을 문제삼고 있다. (337)은 {'코허리'를 낮잡아 이르는 말}로 풀이되면서 〈코＋부위＋콧등＋위치＋잘록한 부분＋인식방식＋낮춤〉의 특성을 문제삼고 있다. (338)은 {콧등의 우뚝한 줄기}로 풀이되면서 〈코＋부위＋콧등＋위치＋우뚝한 줄기〉의 특성을 문제삼고 있다.

(339) 콧구멍
(340) 콧속

(339)는 {코에 뚫린 구멍}으로 풀이되면서 〈코＋부위＋콧구멍〉의 특성을 문제삼고 있다.[25] (340)은 {콧구멍의 속}으로 풀이되면서 〈코＋부위＋콧구멍＋속〉의 특성을 문제삼고 있다.[26]

(341) 코밑
(342) 콧살

(341)은 {코의 아래 부분이라는 뜻}으로 풀이되면서 〈코＋부위＋코밑〉의 특성을 문제삼고 있다. (342)는 {기분이 나쁘거나 아파서 코를 찡그릴 때 주름이 생기는 부분}으로 풀이되면서 〈코＋부위＋콧살〉의 특성을 문제삼고 있다.

지금까지 〈부위〉의 분절구조 중 〈등성이〉, 〈콧구멍〉, 〈코밑〉, 〈콧

---

25 ［비공：鼻孔］, ［비문：鼻門］도 같은 특성을 문제삼고 있다.
26 ［비강：鼻腔］도 같은 특성을 문제삼고 있다.

살〉에 관하여 살펴보았다. 이것을 도식화하면 [그림 36]과 같다.

[그림 36] 〈부위〉 명칭 분절구조

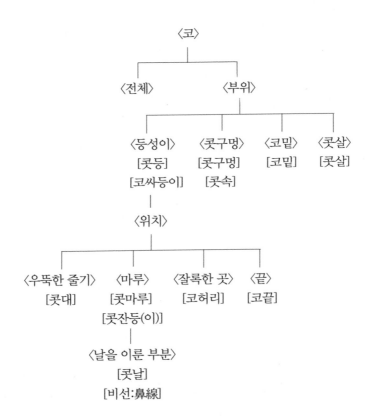

❹ 〈입〉 명칭 분절구조

〈입〉은 사람의 인체구조에 있어서 음식을 섭취하는 기관으로, [이목구비(耳目口鼻)]와 같은 단어가 있는 것을 보면 〈입〉 분절구조는 〈눈〉, 〈코〉와 함께 〈얼굴〉 분절의 중요한 하위분절이라 할 수 있다. 〈입〉이란 {입술에서 후두까지의 부분}, {입술}, {음식을 먹는 사람의 수효}, {사람이 하는 말을 비유적으로 이르는 말}, {수량을 나타내는 말 뒤에 쓰여 한 번에 먹을 만한 음식물의 분량을 세는 단위}라는 내용을 문제삼고 있다. 이러한 풀이들 가운데 이 연구의 주제와 관련이 되는 〈입〉의 개념은 {입술에서 후두까지의 부분}, {입술}이 될 것이다.[27]

〈입〉 분절은 크게 〈전체〉와 〈부위〉로 하위분절되는데, 〈전체〉는 〈상태〉, 〈인식방식〉, 〈주체〉에 의하여, 〈부위〉는 〈입술〉, 〈가장자리〉, 〈구석〉에 의하여 하위분절된다.

(343) 입

(343)은 {사람의 얼굴 아래쪽에 가로로 열려 있어 벌렸다 닫았다 하면서 음식을 넣어 물거나 씹을 수 있는 기관}으로 풀이된다. 아울러 [입]은 이 분절구조의 원어휘소의 자리를 차지하고 있다. 이 연구에서는 〈입〉 명칭의 기본구조를 도식화하면 [그림 37]과 같다.

---

27 음식을 먹는 입과 배를 같이 이르는 말로 [구복(口腹)]이 있으며, 입과 입술을 같이 이르는 말로 [구순(口脣)]이 있다.

[그림 37] 〈입〉 명칭의 기본구조

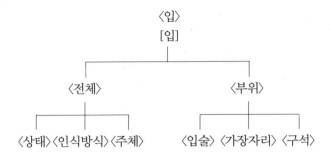

(344) 맨입

(345) 마른입

(344)는 {아무것도 먹지 아니한 입}으로 풀이되면서 〈입＋전체＋상태＋음식물 섭취＋부정〉의 특성을 문제삼고 있다. (345)는 {국물이나 물을 마시지 아니한 입}으로 풀이되는 것으로 이것은 〈입＋전체＋상태＋음식물 섭취＋부정〉의 특성을 문제삼고 있다.

(346) 입매

(347) 입모습

(348) 입맵시

(346), (347)은 {입의 생긴 모양}으로 풀이되면서 〈입＋전체＋상태＋모양〉의 특성을 문제삼고 있다. (348)은 {입의 생긴 모양}으로 풀이되면서 〈입＋전체＋상태＋모양＋강조〉라는 특성을 문제삼고 있다.

(349) 메기입

(349)는 {입아귀가 길게 째져 넓게 생긴 입을 조롱조로 이르는 말}로
풀이되면서 〈입＋전체＋상태＋모양＋넓게 생김〉의 특성을 문제삼고
있다.

지금까지 살펴본 〈입〉의 〈상태〉에 관련된 분절구조를 도식화하면
[그림 38]과 같다.

[그림 38] 〈상태〉 분절구조

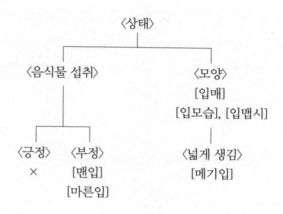

(350) 아가리
(351) 아갈머리

(350)은 {'입'을 속되게 이르는 말}로 풀이되면서 〈입＋전체＋인식방
식＋낮춤〉의 특성을 문제삼고 있다. 이 말은 동물에 한정되어 쓰이던

것이 사람에게 확대되어 '아가리를 놀리다', '아가리를 닥치다' 등의 관용어에서 많이 쓰이고 있다. (351)도 {'입'을 속되게 이르는 말}로 풀이되면서 (351)과 같은 특성을 문제삼고 있다.

(352) 주둥이
(353) 메기주둥이

(352)는 {'사람의 입'을 속되게 이르는 말}로 풀이되면서 〈입+전체+인식방식+낮춤〉의 특성을 문제삼고 있다. 이 말은 [아가리]와 같은 특성을 문제삼고 있지만 그 대상이 사람에게 처음부터 한정되어 쓰이던 낱말이다. (353)은 {'메기입'을 속되게 이르는 말}로 풀이되면서 〈입+인식방식+낮춤+대상+넓게 생긴 입〉의 특성을 문제삼고 있다.

지금까지 살펴본 〈입〉의 〈인식방식〉의 분절구조를 도식화하면 [그림 39]와 같다.

[그림 39] 〈인식방식〉 분절구조

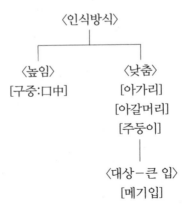

〈인식방식〉

〈높임〉　　　　〈낮춤〉
[구중:口中]　　[아가리]
　　　　　　　[아갈머리]
　　　　　　　[주둥이]

〈대상-큰 입〉
[메기입]

(354) 구중(口中)

(355) 한입

(356) 만구(萬口)

(354)는 {궁중에서 입을 이르던 말}로 풀이되면서 〈입＋주체＋임금 또는 왕족〉의 특성을 문제삼고 있다. 이 낱말은 〈인식방식〉의 〈높임〉의 분절에도 관여하고 있다. (355)는 {한 사람의 입}으로 풀이되면서 〈입＋주체＋사람의 묶음＋한 사람〉의 특성을 문제삼고 있다. (356)은 {많은 사람의 입}으로 풀이되면서 〈입＋주체＋사람의 묶음＋많은 사람〉의 특성을 문제삼고 있다.

지금까지 살펴본 〈주체〉의 분절구조를 도식화하면 [그림 40]과 같다.

[그림 40] 〈주체〉 분절구조

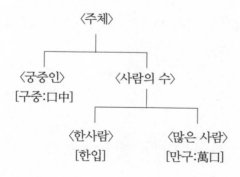

(357) 입술

(357)은 {포유동물의 입 가장자리 위아래에 도도록이 붙어 있는 얇고 부드러운 살}로 풀이되면서 〈입+부위+입술〉의 특성을 문제삼고 있다.[28]

(358) 윗입술
(359) 상순(上脣)

(358)은 {위쪽의 입술}로 풀이되면서 〈입+부위+입술+위치+위쪽〉의 특성을 문제삼고 있다. (359)도 같은 특성을 문제삼고 있다.

(360) 아래입술
(361) 하순(下脣)

(360)은 {아래쪽의 입술}로 풀이되면서 〈입+부위+입술+위치+아래쪽〉의 특성을 문제삼고 있다. (361)도 같은 특성을 문제삼고 있다.

(362) 입가
(363) 구변(口邊)

(362), (363)은 {입의 가장자리}로 풀이되면서 〈입+부위+가장자리〉의 특성을 문제삼고 있다.

---

28 [구문(口吻)], [구순(口脣)], [순문(脣吻)]도 같은 특성을 문제삼고 있다.

(364) 입아귀

(365) 구각(口角)

(364)는 {입의 양쪽 구석}으로 풀이되면서 〈입＋부위＋구석＋대상＋
양쪽〉의 특성을 문제삼고 있다. (365)도 같은 특성을 문제삼고 있다.

지금까지 살펴본 〈부위〉의 분절구조를 도식화하면 [그림 41]과 같
다.

[그림 41] 〈부위〉 분절구조

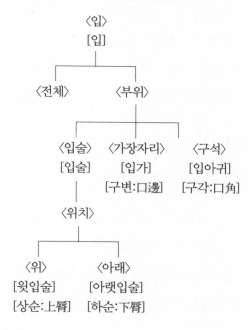

❺ 〈이마〉, 〈뺨〉, 〈관자놀이〉, 〈턱〉 명칭 분절구조

〈이마〉, 〈뺨〉, 〈턱〉 명칭 분절구조는 〈눈〉, 〈코〉, 〈입〉과 함께 〈얼굴〉의 하위분절을 이루지만 다른 분절에 비하여 비교적 단조로운 분절상을 보이기 때문에 하나의 단락에서 다루고자 한다.

(366) 이마
(367) 이맛전
(368) 이맛살

(366), (367)은 {얼굴의 눈썹 위로부터 머리털이 난 아래까지의 부분}으로 풀이되면서 〈얼굴+부위+이마〉의 특성을 문제삼고 있다. (368)은 {이마에 잡힌 주름살}로 풀이되면서 〈얼굴+부위+이마+부위+이맛살〉의 특성을 문제삼고 있다.

(369) (이)마빡
(370) 이마빼기

(369)는 {이마를 비속하게 이르는 말}로 풀이되면서 〈얼굴+부위+이마+인식방식+낮춤〉의 특성을 문제삼고 있다. (370)은 {'이마'를 비속하게 이르는 말}로 풀이되면서 〈얼굴+부위+이마+인식방식+낮춤〉의 특성을 문제삼고 있다.

(371) 뺨
(372) (뺨)따귀

(371)은 {얼굴의 관자놀이에서 턱 위까지의 살이 많은 부분}으로 풀이되면서 〈얼굴＋부위＋뺨〉의 특성을 문제삼고 있다. [뺨]은 〈뺨〉 분절구조의 원어휘소의 자리를 차지하고 있다. (372)는 {'뺨'을 비속하게 이르는 말}로 풀이되면서 〈얼굴＋부위＋뺨＋인식방식＋비하〉의 특성을 문제삼고 있다.

(373) 볼

(374) 윗볼

(375) 아랫볼

(373)은 {뺨의 한복판}으로 풀이되면서 〈얼굴＋부위＋뺨＋위치＋복판〉의 특성을 문제삼고 있다. (374)는 {볼의 윗부분}으로 풀이되면서 〈얼굴＋부위＋뺨＋위치＋위〉의 특성을 문제삼고 있다. (375)는 {볼의 아랫부분}으로 풀이되면서 〈얼굴＋부위＋뺨＋위치＋아래〉의 특성을 문제삼고 있다.

(376) 볼따구니

(377) 볼때기

(378) 볼퉁이

(376)은 {'볼'을 낮잡아 이르는 말}로 풀이되면서 〈얼굴＋부위＋뺨＋인식방식＋비하〉의 특성을 문제삼고 있다. (377), (378)은 {볼따구니}로 풀이되면서 (376)과 같은 특성을 문제삼고 있다.

(379) 보조개

(380) 볼우물

(378)은 {웃을 때 볼에 오목하게 우물져 들어가는 자리}로 풀이되면서 〈얼굴＋부위＋뺨＋위치＋우물져 들어가는 자리〉의 특성을 문제삼고 있다. (379)도 같은 특성을 문제삼고 있다.

(381) 관자놀이

(381)은 {귀와 눈 사이의 맥박이 뛰는 곳}으로 풀이되면서 〈얼굴＋부위＋관자놀이〉의 특성을 문제삼고 있다.

(382) 턱

(382)는 {사람의 입 아래에 뾰족하게 나온 부분}으로 풀이되면서 〈얼굴＋부위＋턱〉의 특성을 문제삼고 있다.[29]

(383) 위턱
(384) 아래턱
(385) 양턱

(383)은 {위쪽의 턱}으로 풀이되면서 〈얼굴＋부위＋턱＋위치＋위〉의 특성을 문제삼고 있다. (384)는 {아래쪽의 턱}으로 풀이되면서 〈얼굴＋부위＋턱＋위치＋아래〉의 특성을 문제삼고 있다. (385)는 {위턱과 아래턱을 통틀어 이르는 말}로 풀이되면서 〈얼굴＋부위＋턱＋위치＋

---

29 아주 가까운 곳을 비유적으로 이르는 말은 [턱밑], [코앞], [코밑]이 있다.

위+아래〉의 특성을 문제삼고 있다.[30]

(386) 턱살

(386)은 {아래턱에 붙은 살}로 풀이되면서 〈얼굴+부위+턱+부위+
턱살〉의 특성을 문제삼고 있다.

(387) 턱주가리

(387)은 {'턱'의 속된 말}로 풀이되면서 〈얼굴+부위+턱+인식방
식+낮춤〉의 특성을 문제삼고 있다. 지금까지 살펴본 〈이마〉, 〈뺨〉,
〈관자놀이〉, 〈턱〉 명칭의 분절구조를 도식화하면 [그림 42]와 같다.

---

30 [양악(兩顎)]도 같은 내용을 문제삼고 있다.

[그림 42] 〈이마〉, 〈뺨〉, 〈관자놀이〉, 〈턱〉 명칭 분절구조

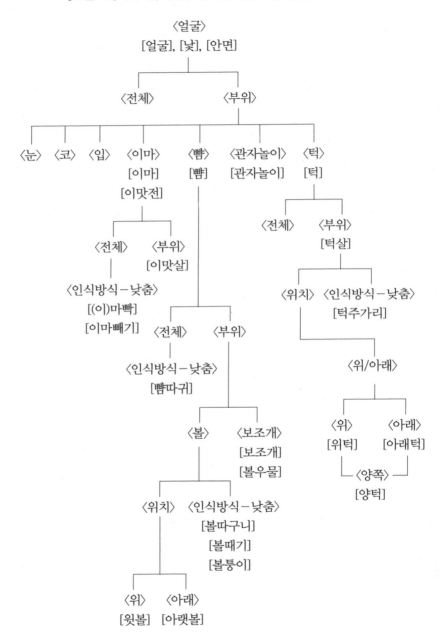

2) 〈상/하〉, 〈측면〉, 〈둘레〉 명칭 분절구조

〈머리〉의 〈상하〉 분절구조는 〈상〉의 분절구조만 존재하고 있으며 여기에는 5개의 낱말이 관여하고 있으며, 〈측면〉 분절구조는 〈옆머리〉와 〈귀〉가 관여하고 있다. 〈둘레〉의 분절에는 단 두 개의 낱말이 관여하고 있다. 그 내용을 살펴보면 다음과 같다.

(388) 정수리
(389) 꼭대기

(388)은 {머리 위의 숫구멍이 있는 자리}로 풀이되면서 〈머리＋부위＋상/하＋상＋위치＋숫구멍이 있는 자리〉의 특성을 문제삼고 있다. (389)는 {정수리}로 풀이되면서 (388)과 같은 특성을 문제삼고 있지만 쓰임에 있어서는 다르게 나타나고 있다. 즉, [꼭대기]는 '머리 꼭대기까지 화가 치밀다', '아직 꼭대기에 피도 마르지 않은 녀석들이 못된 짓을 하고 다니다니' 등에서 보이는 것처럼 은유적인 표현과 같이 쓰이고 있다.[31]

(390) 숨구멍
(391) 숫구멍
(392) 머리꼭지

(390)은 {숫구멍}으로 풀이되면서 〈머리＋부위＋상/하＋상＋부위＋

---

31 [뇌천(腦天)], [신문(囟門)]도 같은 특성을 문제삼고 있다.

숨쉬는 곳<주체＋갓난아이>의 특성을 문제삼고 있다. (391)은 {갓난아이의 정수리가 굳지 않아서 숨 쉴 때마다 발딱발딱 뛰는 곳}으로 풀이되면서 (389)와 같은 특성을 문제삼고 있다. (392)는 {머리의 맨 위의 가운데}로 풀이되면서 〈머리＋부위＋상/하＋상＋위치＋맨 위의 가운데〉의 특성을 문제삼고 있다.

지금까지 살펴본 〈상/하〉 분절구조를 도식화하면 [그림 43]과 같다.

[그림 43] 〈상/하〉 분절구조

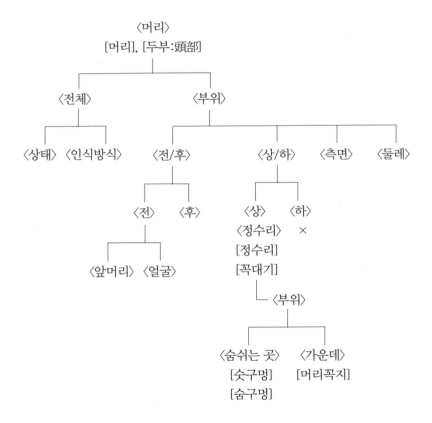

(393) 옆머리

(393)은 {정수리 옆쪽 부분의 머리}로 풀이되면서 〈머리＋부위＋측면〉의 특성을 문제삼고 있다.

(394) 귀

(394)는 {사람이나 동물의 머리 양옆에서 듣는 기능을 하는 감각 기관}으로 풀이되면서 〈머리＋부위＋측면＋귀〉의 특성을 문제삼고 있다.

(395) 귀때(기)
(396) 귀밑때기

(395)는 {'귀'를 속되게 이르는 말}로 풀이되면서 〈귀＋전체＋인식방식＋낮춤〉의 특성을 문제삼고 있다. (395)도 같은 특성을 문제삼고 있다.[32]

(397) 귀퉁이
(398) 귓가

(397)은 {귀의 언저리}로 풀이되면서 〈귀＋부위＋언저리〉의 특성을 문제삼고 있다. (398)은 {귀의 가장자리}로 풀이되면서 (397)과 같은 특성을 문제삼고 있다.

---

[32] {'귀와 뺨의 어름'을 낮잡아 이르는 말}로 [귀싸대기]가 있다.

(399) 귀퉁머리

(400) 귀퉁배기

(399)는 {'귀퉁이'를 낮잡아 이르는 말}로 풀이되면서 〈귀＋부위＋언저리＋인식방식＋낮춤〉의 특성을 문제삼고 있다. (400)은 {귀퉁머리}로 풀이되면서 (399)와 같은 특성을 문제삼고 있다.

(401) 귓바퀴

(401)은 {겉귀[33]의 가장자리}로 풀이되면서 〈귀＋부위＋귓바퀴〉의 특성을 문제삼고 있다.

(402) 귓전

(403) 귓불

(404) 귓등

(402)는 {귓바퀴의 가}로 풀이되면서 〈귀＋부위＋귓바퀴＋위치＋가장자리〉의 특성을 문제삼고 있다. (403)은 {귓바퀴의 아래쪽으로 늘어진 살}로 풀이되면서 〈귀＋부위＋귓바퀴＋위치＋아래쪽＋대상＋살〉의 특성을 문제삼고 있다. (404)는 {귓바퀴의 바깥쪽}으로 풀이되면서 〈귀＋부위＋귓바퀴＋위치＋바깥쪽〉의 특성을 문제삼고 있다.

(405) 귀뿌리

---

33 전문 의학용어에서는 [귀]를 [겉귀], [가운데귀], [속귀]로 나누고 있다.

(405)는 {귀가 뺨에 붙은 부분}으로 풀이되면서 〈귀＋부위＋귀뿌리〉의 특성을 문제삼고 있다.

(406) 귓구멍
(407) 귓문

(406)은 {귀의 바깥쪽에서 고막까지 사이의 구멍}으로 풀이되면서 〈귀＋부위＋구멍〉의 특성을 문제삼고 있다.[34] (407)은 {귓구멍의 바깥쪽으로 열려 있는 곳}으로 풀이되면서 〈귀＋부위＋구멍＋위치＋바깥쪽〉의 특성을 문제삼고 있다.

(408) 귓뿔

(408)은 {귀와 뺨의 사이}로 풀이되면서 〈귀＋부위＋귀와 뺨의 사이〉의 특성을 문제삼고 있다.

지금까지 살펴본 〈측면〉 분절구조를 도식화하면 [그림 44]와 같다.

---

[34] [이공(耳孔)], [이규(耳竅)]도 같은 특성을 문제삼고 있다.

[그림 44] 〈측면〉 분절구조

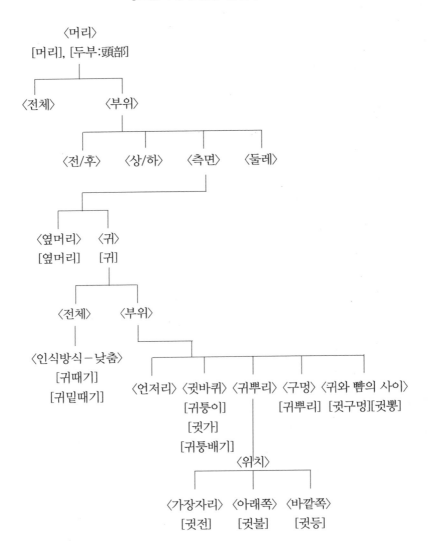

(409) 머리통

(410) 짱구

　(409)는 {머리의 둘레}로 풀이되면서 〈머리＋부위＋둘레〉의 특성을 문제삼고 있다. (410)은 {이마나 뒤통수가 남달리 크게 튀어나온 머리통}으로 풀이되면서 〈머리＋부위＋둘레＋모양＋튀어나옴〉의 특성을 문제삼고 있다.

　지금까지 살펴본 〈둘레〉 분절구조를 도식화하면 [그림 45]와 같다.

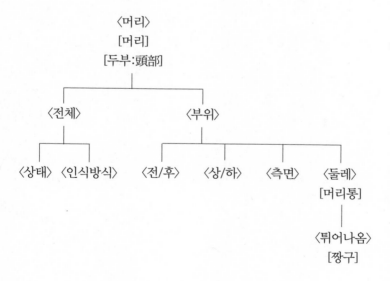

[그림 45] 〈둘레〉 분절구조

제 5 장

〈목〉 명칭 어휘구조에 반영된
한국인의 세계관

〈목〉은 척추동물의 머리와 몸통을 잇는 잘록한 부분으로, 〈목〉 명칭의 분절구조는 〈신체〉의 부위를 바라보는 〈사분법〉의 관점에 따라 〈머리〉, 〈몸통〉, 〈팔다리〉와 함께 하나의 큰 기본구조를 이루고 있다. 하지만 그 구체적인 내용은 단지 〈머리〉와 〈몸통〉을 잇는 부분이라는 점에서 〈머리〉, 〈몸통〉, 〈팔다리〉의 분절구조에 비하여 매우 단조로운 분절상을 보이고 있다. 〈목〉은 {척추동물의 머리와 몸통을 잇는 잘록한 부분}, {목구멍}, {목을 통해 나오는 소리}, {어떤 물건에서 동물의 목과 비슷한 부분}, {통로 가운데 다른 곳으로는 빠져나갈 수 없는 중요하고 좁은 곳}이라는 내용을 문제삼고 있으며, 또 식물 전문용어에서는 곡식의 이삭이 달린 부분을 말하고 있다. 이 연구는 {척추동물의 머리와 몸통을 잇는 잘록한 부분}이라는 내용을 문제삼게 될 것이다.[1]

(411) 목

(411)은 {척추동물의 머리와 몸통을 잇는 잘록한 부분}으로 풀이되면서 〈목〉 분절의 원어휘소의 자리를 차지하고 있다. 이 낱말의 특성은

---

1   의학 전문용어에서 쓰이는 낱말로 [경부(頸部)]가 있다.

〈신체＋부위＋목〉의 특성을 문제삼고 있다.[2]

(412) 자라목

(412)는 {보통 사람보다 짧고 받은 목을 비유적으로 이르는 말}로 풀이되면서 〈목＋전체＋상태＋모양＋짧고 받음〉의 특성을 문제삼고 있다.

(413) 목대
(414) 모가지

(413)은 {목을 속되게 이르는 말}로 풀이되면서 〈목＋전체＋인식방식＋낮춤〉의 특성을 문제삼고 있다. (414)도 {목을 속되게 이르는 말}로 풀이되면서 (413)과 같은 특성을 문제삼고 있다.

(415) (목)덜미
(416) 뒷덜미

(415)는 {목의 뒤쪽 부분과 그 아래 근처}로 풀이되면서 〈목＋부위＋목덜미〉의 특성을 문제삼고 있다. (416)은 {목덜미 아래의 양 어깻죽지 사이}로 풀이되면서 (415)와 같은 특성을 문제삼고 있다.

지금까지 살펴본 〈목〉 분절구조를 도식화하면 [그림 46]과 같다.

---

2 [경(經)], [경부(脛部)]도 같은 특성을 문제삼고 있다.

[그림 46] 〈목〉 분절구조

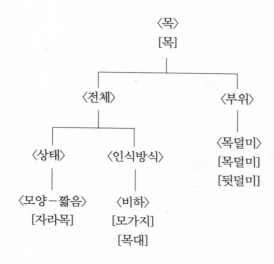

제 6 장

〈몸통〉 명칭 어휘구조에 반영된
한국인의 세계관

〈몸통〉은 사람의 몸에서 머리, 팔, 다리 등을 제외한 가슴과 배 등으로 〈몸통〉 명칭 분절구조는 크게 〈전체〉와 〈부위〉로 나뉘고, 〈전체〉에 해당하는 낱말은 없으며, 〈부위〉는 〈어깨〉, 〈가슴〉, 〈복부〉, 〈등〉, 〈허리〉, 〈옆구리〉로 하위분절된다. 〈배〉와 〈등〉은 서로 상대적 위치에 있으면서도 두 분절구조에 공통적으로 걸치는 [복배:腹背]와 같은 단어가 있는 것을 보면, 각 분절구조에 있어서 유사점이나 서로 다른 차이점을 규명하는 것도 동일한 객관세계에 대한 다른 관점을 발견한다는 점에서 중요한 의의를 가진다고 할 수 있을 것이다. 그 자세한 내용을 살펴보면 다음과 같다.

(417) 몸통

(417)은 {사람이나 동물의 몸에서 머리, 팔, 다리 등 딸린 것들을 제외한 가슴과 배 부분}으로 풀이되면서 〈신체＋부위＋몸통〉의 특성을 문제삼고 있다. 이 낱말은 〈몸통〉 분절구조의 원어휘소의 자리를 차지하고 있다. 〈몸통〉 명칭 분절구조의 기본구조를 도식화하면 [그림 47]이 될 것이다.

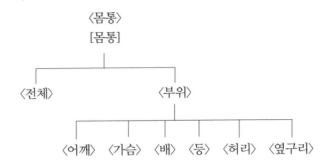

[그림 47] 〈몸통〉 명칭 분절 기본구조

〈몸통〉
[몸통]

〈전체〉 〈부위〉

〈어깨〉 〈가슴〉 〈배〉 〈등〉 〈허리〉 〈옆구리〉

1. 〈어깨〉 명칭 분절구조

〈어깨〉는 사람의 몸에서, 목의 아래 끝에서 팔의 위 끝에 이르는 부분으로, 이 낱말은 이 뜻 이외에 {옷소매가 붙은 솔기와 깃 사이의 부분}, {짐승의 앞다리나 새의 날개가 붙은 부분}, {'힘이나 폭력 따위를 일삼는 불량배'를 속되게 이르는 말}이라는 내용을 문제삼고 있기도 하며, 또 심마니들의 은어에서 {산막(山幕)}을 이르는 말이기도 하다. 그러나 이 낱말들이 가지는 이러한 내용들은 〈신체〉의 한 부분을 나타내는 메타언어로서 관계하지 않기 때문에 〈어깨〉 분절 명칭과는 무관하다고 할 것이다. [어깨], [견두(肩頭)]를 원어휘소로 하는 〈어깨〉 명칭 분절은 크게 〈전체〉와 〈부위〉로 하위분절되고 〈전체〉는 〈상태〉와 〈위치〉에 의하여 〈부위〉는 〈넓적한 곳〉, 〈팔이 붙은 곳〉, 〈둘레〉, 〈곡선〉, 〈어깨와 등이 이어지는 곳〉으로 하위분절된다. 그 자세한 내용을 살펴보면 다음과 같다.

(418) 어깨
(419) 견두(肩頭)

(418)은 {팔과 몸이 이어지는 관절의 윗부분}으로 풀이되면서 〈몸통＋부위＋어깨〉의 특성을 문제삼고 있다. (419)는 {어깨}로 풀이되면서 (417)과 같은 특성을 문제삼고 있지만 쓰임에 있어서는 [견두(肩頭)]는 거의 사용되지 않는 것으로 보인다.[1]

(420) 굳은어깨

(420)은 {근육이 굳어서 무거우며 자유롭게 움직일 수 없어 아픈 어깨}로 풀이되면서 〈어깨＋전체＋상태＋모양＋굳음〉의 특성을 문제삼고 있다.

(421) 양어깨
(422) 양견(兩肩)

(421), (422)는 {양쪽 어깨}로 풀이되면서 〈어깨＋전체＋위치＋한쪽/양쪽＋양쪽〉의 특성을 문제삼고 있다.

(423) 어깨판

---

1 [견부(肩部)]도 같은 내용을 문제삼고 있지만 이 낱말은 [어깨]로 순화되었다.

(423)은 {어깨의 넓적한 부분}으로 풀이되면서 〈어깨+부위+넓적한 부분〉의 특성을 문제삼고 있다.

(424) 어깻죽지
(425) 어깨놀이

(424)는 {어깨에 팔이 붙은 부분}으로 풀이되면서 〈어깨+부위+팔이 붙은 곳〉의 특성을 문제삼고 있다. (425)도 같은 특성을 문제삼고 있다.

(426) 어깨통

(426)은 {어깨의 둘레}로 풀이되면서 〈어깨+부위+둘레〉의 특성을 문제삼고 있다.

(427) 어깨선

(427)은 {어깨의 곡선}으로 풀이되면서 〈어깨+부위+곡선〉의 특성을 문제삼고 있다.

(428) 어깻등

(428)은 {어깨와 등이 이어지는 부분}으로 풀이되면서 〈어깨+부위+어깨와 등이 이어지는 곳〉의 특성을 문제삼고 있다.[2]

---

2   의학 전문용어에서 {어깨의 바깥쪽, 위팔의 윗머리 부분}을 이르는 말로 [견박(肩膊)]이 있다.

지금까지 살펴본 〈어깨〉의 분절구조를 도식화하면 [그림 48]과 같다.

[그림 48] 〈어깨〉 분절구조

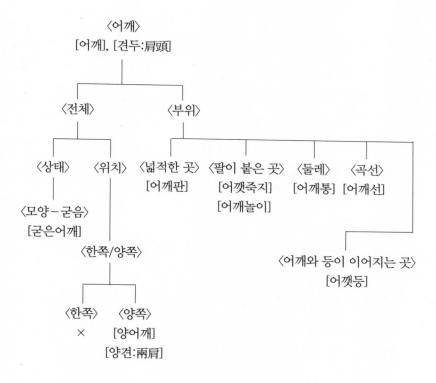

2. 〈가슴〉 명칭 분절구조

〈가슴〉은 배와 목 사이의 앞부분을 나타내는 것으로, 이 낱말은 이 뜻 이외에 {마음이나 생각}, {옷가슴}, {젖가슴}이라는 내용을 문제삼고 있기도 하며, 의학에서 {심장 또는 폐}라는 내용과 함께 전문용어로 사용되고 있기도 하다. 그러나 이 분절에서는 신체의 한 부분을 지칭하는 {배와 목 사이의 앞부분}, {젖가슴}이라는 내용을 가지고 분절구조의 내용을 살펴볼 것이다. 〈가슴〉 명칭 분절구조는 [가슴], [흉부(胸部)]를 상위어로 하면서 1차적으로 〈전체〉와 〈부위〉로 하위분절된다. 〈전체〉는 〈상태〉와 〈인식방식〉으로 하위분절되고, 〈부위〉는 〈둘레/너비〉, 〈앞부분〉으로 하위분절된다.[3]

(429) 가슴
(430) 흉부(胸部)

(429)는 {목과 배 사이의 앞부분}으로 풀이되면서 〈몸통＋가슴＋전체〉의 특성을 문제삼고 있다. (430)은 {가슴}으로 풀이되면서 (429)와 같은 특성을 문제삼고 있다. 이 낱말은 전문용어이지만 일상생활에서도 폭넓게 쓰이기 때문에 〈가슴〉 분절구조에서 다루었다. 〈가슴〉 명칭 분절구조의 기본구조를 도식화하면 [그림 49]가 될 것이다.

3　마음이나 생각을 나타내는 단어로 겉으로 드러내지 않고 혼자서 속으로만 끙끙대고 걱정하는 것인 [냉가슴], 공연한 근심이나 걱정으로 인하여 상하는 마음인 [생가슴]이 있다.

[그림 49] 〈가슴〉 명칭 분절의 기본구조

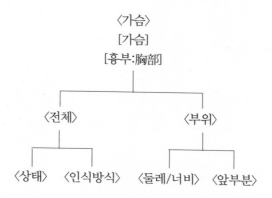

(431) 털가슴

(431)은 {털이 많이 난 가슴}으로 풀이되면서 〈가슴＋전체＋상태＋
모양＋털이 많이 남〉의 특성을 문제삼고 있다.

(432) 새가슴

(432)는 {새의 가슴처럼 가슴뼈가 불거진 사람의 가슴, 가슴뼈가 불
거져 있어 새의 가슴처럼 불룩한 가슴}으로 풀이되면서 〈가슴＋전체＋
상태＋모양＋불거짐〉의 특성을 문제삼고 있다.

(433) 덴가슴

(433)은 {한 번 몹쓸 재난을 겪은 사람이 일마다 두려워하는 가슴}으

로 풀이되면서 〈가슴＋전체＋상태＋감정＋두려워함〉의 특성을 문제삼고 있다.

(434) 놀란가슴

(434)는 {이미 혼난 일이 있어 툭하면 두근거리는 가슴}으로 풀이되면서 〈가슴＋전체＋상태＋감정＋두근거림〉의 특성을 문제삼고 있다.

(435) 가슴패기
(436) 가슴팍

(435)는 {'가슴의 판판한 부분'을 속되게 이르는 말}로 풀이되면서 〈가슴＋전체＋인식방식＋낮춤〉의 특성을 문제삼고 있다. (436)은 {가슴패기}로 풀이되면서 (435)와 같은 특성을 문제삼고 있다.

지금까지의 특성을 도식화하면 [그림 50]과 같다.

[그림 50] 〈상태〉 분절구조

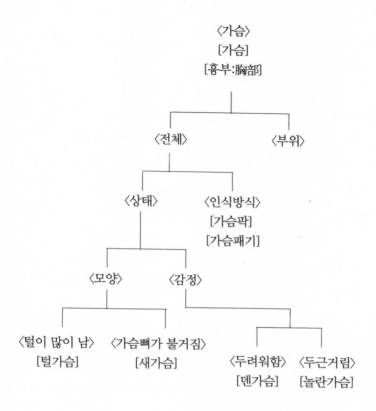

〈가슴〉
[가슴]
[흉부:胸部]

〈전체〉　　　　　〈부위〉

〈상태〉　　　〈인식방식〉
[가슴팍]
[가슴패기]

〈모양〉　　　〈감정〉

〈털이 많이 남〉　〈가슴뼈가 불거짐〉
[털가슴]　　　　[새가슴]

〈두려워함〉　〈두근거림〉
[덴가슴]　　[놀란가슴]

(437) 가슴둘레

(438) 흉위(胸圍)

　(437)은 {가슴의 가장 굵은 부분을 둘러 잰 길이}로 풀이되면서 〈가슴＋부위＋가장 굵은 부분＋길이〉의 특성을 문제삼고 있다. (438)은 {가슴둘레}로 풀이되면서 (437)과 같은 특성을 문제삼고 있다.

(439) 흉폭(胸幅)

(439)는 {가슴의 너비}로 풀이되면서 〈가슴＋부위＋너비〉의 특성을 문제삼고 있다.

(440) 가슴통

(440)은 {가슴의 앞부분 전부}로 풀이되면서 〈가슴＋부위＋앞부분〉의 특성을 문제삼고 있다. 그리고 이 낱말은 {가슴둘레의 크기}라는 특성도 같이 문제삼고 있다.

(441) 복장(腹臟)
(442) 흉당(胸膛)

(441)은 {가슴의 한복판}으로 풀이되면서 〈가슴＋부위＋복판＋인식방식＋부정적〉의 특성을 문제삼고 있다. 왜냐하면 '복장(腹臟)이 터지다', '어머니가 복장을 찢듯이 통곡하기 시작했다'에서 나타나는 것처럼 부정적인 의미와 함께 쓰이고 있기 때문이다. (442)는 {복장(腹臟)}으로 풀이되면서 〈가슴＋부위＋복판〉의 특성을 문제삼고 있다.

(443) 젖가슴
(444) 젖
(445) 유방

(443)은 {젖이 있는 가슴 부위}로 풀이되면서 〈가슴＋부위＋젖이 있

는 곳〉이라는 특성을 문제삼고 있다. (444)는 {유방}으로 풀이되면서 〈젖가슴＋부위＋젖〉의 특성을 문제삼고 있다. (445)는 {포유 동물의 가슴 또는 배의 좌우에 쌍을 이루고 있는 젖을 분비하기 위한 기관}으로 풀이되면서 (444)와 같은 특성을 문제삼고 있다.

(446) 젖꼭지

(446)은 {젖의 한가운데 도드라져 내민 부분}으로 풀이되면서 〈젖가슴＋부위＋젖＋부위＋젖꼭지〉의 특성을 문제삼고 있다.

(447) 젖꽃판

(447)은 {젖꼭지 둘레에 있는 거무스름하고 동그란 부분}으로 풀이되면서 〈젖가슴＋부위＋젖＋부위＋젖꽃판〉의 특성을 문제삼고 있다.

(448) 젖무덤
(449) 젖퉁(이)

(448)은 {젖꼭지를 중심으로 하여 젖꽃판 언저리로 넓게 살이 불룩하게 두드러진 부분}으로 풀이되면서 〈젖가슴＋부위＋젖＋부위＋젖꽃판＋위치＋언저리〉의 특성을 문제삼고 있다. (449)는 {'젖무덤'을 낮잡아 이르는 말}로 풀이되면서 〈젖가슴＋부위＋젖＋부위＋젖꽃판＋위치＋언저리＋인식방식＋낮춤〉의 특성을 문제삼고 있다.

(450) 가슴골

(450)은 {가슴 한가운데 오목하고 길게 팬 부분}으로 풀이되면서 〈가슴+부위+한가운데+오목하고 길게 팬 부분〉이라는 특성을 문제삼고 있다.

(451) 앙가슴

(451)은 {두 젖 사이의 가운데}로 풀이되면서 〈가슴+부위+두 젖 사이의 가운데〉라는 특성을 문제삼고 있다.

(452) 명치

(452)는 {사람의 가슴뼈 아래 한가운데의 오목하게 들어간 곳}으로 풀이되면서 〈가슴+부위+가슴뼈 아래 한가운데+오목하게 들어간 곳〉이라는 특성을 문제삼고 있다.[4] 이 낱말은 의학에서 쓰이는 전문용어이지만 일상생활에서 일반적으로 사용되기 때문에 내용범위가 확장되는 변화를 겪는 것이라 말할 수 있다.

(453) 가슴놀이

(453)은 {가슴의 맥박이 뛰는 곳}로 풀이되면서 〈가슴+부위+왼쪽+맥박이 뛰는 곳〉이라는 특성을 문제삼고 있다.
지금까지의 특성을 도식화하면 [그림 51], [그림 52]와 같다.

---

4 [구미(鳩尾)], [명문(明文)], [심감(心坎)], [심와(心窩)]도 같은 특성을 문제삼고 있다.

[그림 51] 〈부위〉 명칭 분절구조 (1)

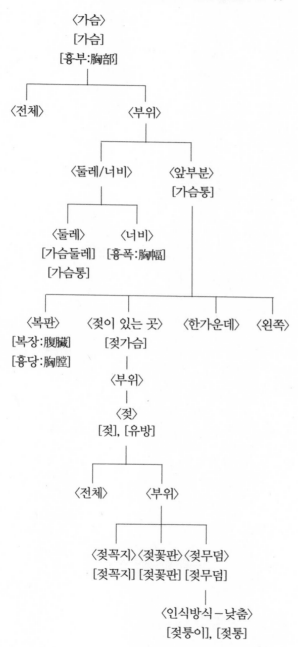

[그림 52] 〈부위〉 명칭 분절구조 (2)

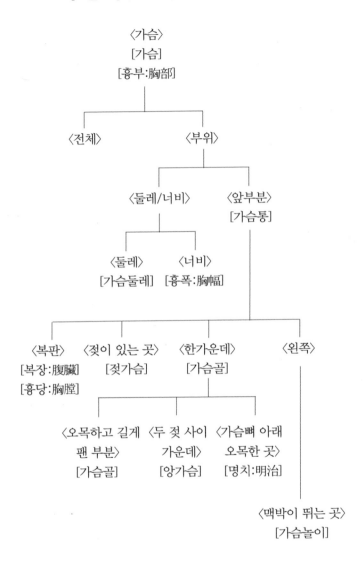

3. 〈복부〉 명칭 분절구조

〈복부〉는 〈가슴〉과 함께 〈몸통〉의 앞면을 말하는 것으로 이 낱말은
{사람이나 동물의 몸에서 위장, 창자, 콩팥 따위의 내장이 들어 있는 곳
으로 가슴과 엉덩이 사이의 부위}, {긴 물건 가운데의 볼록한 부분}, {수
량을 나타내는 말 뒤에 쓰여 짐승이 새끼를 낳거나 알을 까는 횟수를
세는 단위}라는 내용을 문제삼고 있으며 또 동물을 나타내는 전문용어
에서 {절족동물, 특히 곤충에서 머리와 가슴이 아닌 부분}이라는 내용
을, 의학 전문용어에서는 {아이가 드는 여성의 태내(胎內)}, 물리학에서
는 {정상 진동이나 정상파에서 진폭이 가장 큰 부분}이라는 내용을 문
제삼고 있기도 하다.

하지만 사람의 몸을 나타내는 〈신체〉와 관련이 있는 내용은 {사람
이나 동물의 몸에서 위장, 창자, 콩팥 따위의 내장이 들어 있는 곳으로
가슴과 엉덩이 사이의 부위}, {아이가 드는 여성의 태내(胎內)}[5]에 한정
되어 나타나고 있다. 〈신체〉와 관련된 위의 두 내용의 경우 의학 전문
용어에서 다루어진다고 사전에 명시되어 있지만[6] 일상생활에서 폭넓게
사용되고 있기 때문에 〈신체〉 분절구조에서 다루어야 할 내용이다. 하
지만 앞의 서론에서도 밝혔듯이 이 논문의 내용은 〈신체〉의 〈내부〉가
아닌 〈외부〉에 그 범위를 한정하고 있기 때문에 {아이가 드는 여성의

5　국립국어연구원(2000)에 제시된 예를 살펴보면 다음과 같다.
　　① 임신 후 오개월부터는 배가 눈에 띄게 불러왔다. (홍명희, 『임꺽정』)
　　② 그녀는 가만히 자신의 배를 쓸며 그 속의 아기에게 중얼거렸다. (이문열, 『영
　　웅시대』)
6　국립국어연구원, 『표준국어대사전』, 두산동아, 2000, 2554쪽 참조.

태내(胎內)}의 경우는 이 분절에서는 제외하고자 한다.[7]

　〈복부〉 분절은 〈전체〉와 〈부위〉로 하위분절되고, 〈전체〉는 〈상태〉와 〈위치〉, 〈인식방식〉에 의하여, 〈부위〉는 〈배꼽〉과 〈뱃살〉에 의하여 하위분절되고 있다. 그 자세한 내용을 살펴보면 다음과 같다.

　　(454) 복부(腹部)

　　(455) 복면(腹面)

　　(456) 배

　(454)는 {배의 부분}으로 풀이되면서, 〈몸통＋부위＋복부〉라는 특성과 함께 해명될 수 있다. 그리고 (455)는 {신체 가운데 배가 있는 쪽}으로 풀이되면서 〈배가 있는 쪽〉이라는 특성을 문제삼고 있는데, 〈배가 있는 쪽〉은 곧, 〈배＋배에 소속된 부분〉으로서 (454)와 같은 특성으로 이해될 수 있다. (456)은 {사람이나 동물의 몸에서 위장, 창자, 콩팥 따위의 내장이 들어 있는 곳으로 가슴과 엉덩이 사이의 부위}로 풀이되면서, (454), (455)와 같은 특성을 문제삼고 있다.

　[복부(腹部)], [복면(腹面)], [배]를 원어휘소로 하는 〈복부〉 명칭 분절 구조의 기본구조를 도식화하면 [그림 53]과 같다.

7　{먹고 살기 위하여 음식물을 섭취하는 입과 배}를 나타내는 [구복(口腹)]과 같은 낱말은 〈입〉 분절과 〈복부〉 분절에 공통적으로 관여하고 있다.

[그림 53] 〈복부〉 명칭 분절의 기본구조

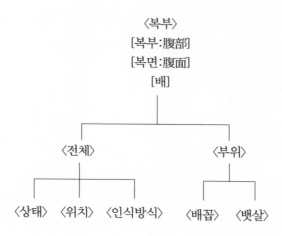

(457) 만복(滿腹)

(457)은 {잔뜩 부른 배}로 풀이되면서 〈배＋전체＋상태＋음식물 섭취＋함＋잔뜩 부름〉이라는 특성을 문제삼고 있다.

(458) 공복(空腹)

(458)은 {배 속이 비어 있는 상태, 또는 그런 배 속}으로 풀이되면서 〈배＋전체＋상태＋음식물 섭취＋하지 않음＋비어 있음〉의 특성을 문제삼고 있다.

(459) 헛배

(459)는 {음식을 먹지 아니하고도 부른 배}로 풀이되면서 〈배＋전체＋상태＋음식물 섭취＋하지 않음＋먹지 않아도 부름〉의 특성을 문제삼고 있다.

(460) 똥배
(461) 올챙이배

(460)은 {똥똥하게 나온 배}로 풀이되면서 〈배＋전체＋상태＋모양＋나옴＋똥똥함〉이라는 특성을 문제삼고 있다. (461)은 {똥똥하게 나온 배를 놀림조로 이르는 말}로 풀이되면서 이 낱말은 〈배＋전체＋상태＋모양＋나옴＋똥똥함＋인식방식＋낮춤〉의 특성을 문제삼고 있다. 이 낱말은 〈인식방식〉의 〈낮춤〉의 특성에도 관여하고 있다.

(462) 윗배
(463) 대복(大腹)

위의 두 낱말은 {가슴 아래 배꼽 위에 있는 부분의 배}로 풀이되면서 〈배＋전체＋위치＋위쪽〉이라는 특성을 문제삼고 있다. (463)은 배꼽 위에 있는 배가 배꼽 아래에 있는 배보다 크다는 점에서 [대복:大腹]은 〈크다(大)＋배(腹) → 큰 배 → 윗배〉와 같은 개념 형성의 과정을 수행한 한자말로 이해된다.

(464) 아랫배

(465) 소복(小腹)

(466) 하복(下腹)

위의 세 낱말은 공통적으로 {배꼽 아랫부분의 배}로 풀이되면서
〈배＋전체＋위치＋아래쪽〉이라는 특성을 문제삼고 있다. 배꼽 아래에
있는 배가 배꼽 위에 있는 배보다 작다는 점에서 [소복:小腹]은 〈작다
(小)＋배(腹) → 작은 배 → 아랫배〉와 같은 개념형성의 과정을 수행한
한자말로 이해된다. [소복(小腹)]은 [대복(大腹)]과 대칭관계에 있다. 하
지만 [하복(下腹)]에 대칭되는 윗배를 나타내는 낱말은 나타나지 않고
있다.

(467) 배허벅

이 낱말은 {허벅다리 쪽에 가까운 아랫배}로 풀이되면서 〈배＋전
체＋위치＋아래쪽＋허벅다리 쪽에 가까움〉이라는 특성을 문제삼고 있
다.

(468) 배때(기)

이 낱말은 {'배'를 속되게 이르는 말}로 풀이되면서 〈배＋전체＋인식
방식＋낮춤〉의 특성을 문제삼고 있다.

지금까지 살펴본 〈복부〉의 〈전체〉 분절구조의 특징을 도식화하면
[그림 54], [그림 55]와 같다.

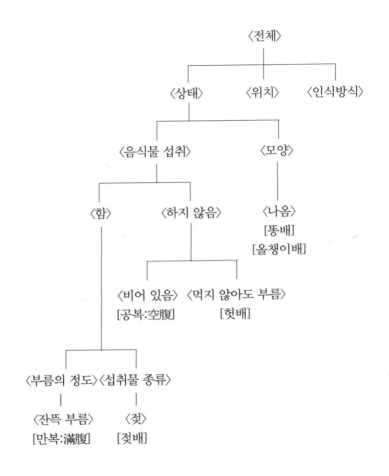

[그림 54] 〈전체〉 분절구조 (1)

[그림 55] 〈전체〉 분절구조 (2)

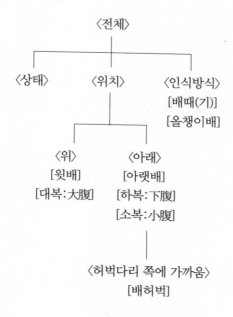

(469) 배꼽

(470) 배꼽노리

(469)는 {탯줄이 떨어지면서 배의 한가운데에 생긴 자리}로 풀이되면서 〈배＋부위＋배꼽＋전체〉라는 특성을 문제삼고 있다. (470)은 {배꼽이 있는 언저리나 그 부위}로 풀이되면서 〈배＋부위＋배꼽＋부위＋언저리〉라는 특성을 문제삼고 있다.

(471) 뱃살

(472) 뱃가죽

　(471)은 {배를 싸고 있는 살이나 가죽}으로 풀이되면서 〈배＋부위＋
살이나 가죽〉이라는 특성을 문제삼고 있다.[8] (472)는 {배를 싸고 있는
가죽}으로 풀이되면서 〈배＋부위＋살＋가죽〉이라는 특성을 문제삼고
있다. 그리고 (472)는 {'뱃살'을 속되게 이르는 말}이라는 내용과 함께
사용되기도 한다.

　지금까지 살펴본 바와 같이 〈복부〉의 〈부위〉에서는 〈배꼽 부위〉와
〈뱃살〉이 관조의 대상이 되어 있다. 이러한 분절구조의 특징을 도식화
하면 [그림 56]이 될 것이다.

[그림 56] 〈부위〉 분절구조

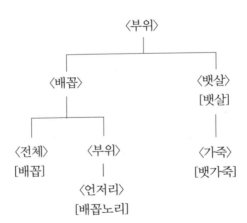

8　[두피(肚皮)]도 같은 특성을 문제삼고 있다.

4. 〈등〉 명칭 분절구조

〈등〉은 사람이나 동물의 몸통에서 가슴과 배의 반대쪽 부분으로 신체의 한 부분인 이 뜻 이외에도 {물체의 위쪽이나 바깥쪽에 볼록하게 내민 부분}이라는 내용을 문제삼고 있기도 하다. 또한 〈등〉 분절은 [등], [배부(背部)]가 원어휘소의 자리를 차지하고 있으며 다른 분절과 마찬가지로 〈전체〉와 〈부위〉가 우선 관조의 대상이 되어 있다. 〈전체〉는 〈인식방식〉이, 〈부위〉는 〈등덜미〉, 〈등허리〉, 〈등골〉등이 관조의 대상이 되어 있다.

〈등〉 분절의 기본구조를 보이면 [그림 57]과 같다.

[그림 57] 〈등〉 명칭 분절의 기본구조

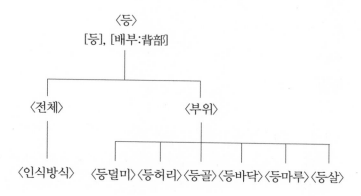

(473) 등

(474) 배부(背部)

위의 두 낱말은 {사람이나 동물의 몸통에서 가슴과 배의 반대쪽 부분}으로 풀이되면서 〈등〉 분절구조의 원어휘소를 차지하고 있다. 하지만 쓰임에 있어서는 [배부(背部)]는 거의 쓰이지 않는 것으로 추측된다. 〈등〉의 자질을 표현하면 〈몸통＋등〉의 특성을 문제삼고 있다.

(475) 뒷등

(475)는 {등을 강조하여 이르는 말}말로 풀이되면서 〈몸통＋등＋강조〉의 특성을 문제삼고 있다.

(476) 등때기

(477) 등짝

(478) 잔등이

(479) 잔등머리

(476)은 {'등'을 낮잡아 이르는 말}로 풀이되면서 〈등＋전체＋인식방식＋낮춤〉의 특성을 문제삼고 있다. (477)은 {'등'을 속되게 이르는 말}로 풀이되면서 [등때기]와 같은 특성을 가진다. (478), (479)도 같은 특성을 문제삼고 있다.

(480) 등덜미

(481) 등허리

(482) 등골

(480)은 {등의 윗부분}으로 풀이되면서 〈등＋부위＋윗부분〉의 특성을 문제삼고 있다. (481)은 {등의 허리쪽 부분}으로 풀이되면서 〈등＋부위＋허리 부분〉의 특성을 문제삼고 있다. 또한 이 단어는 {등과 허리}라는 특성을 같이 문제삼고 있다. (482)는 {등 한가운데로 길게 고랑이 진 곳}으로 풀이되면서 〈등＋부위＋한가운데＋고랑이 짐〉의 특성을 문제삼고 있다. 이 용어와 비교되는 용어로 [가슴골]이 있는데 이것은 {가슴 한가운데 오목하고 길게 팬 부분}으로 풀이된다.

(483) 등바닥
(484) 등마루

(483)은 {등을 이룬 바닥}으로 풀이되면서 〈등＋부위＋바닥〉의 특성을 문제삼고 있다. (484)는 {등골뼈가 있는 두두룩하게 줄진 곳}으로 풀이되면서 〈등＋부위＋줄이 짐＋등골뼈가 있음〉의 특성을 문제삼고 있다.

(485) 등살
(486) 등가죽
(487) 등껍질
(488) 등살머리

(485)는 {등에 있는 근육}으로 풀이되면서 〈등＋부위＋살〉의 특성을 문제삼고 있다. (486)은 {등에 붙어 있는 가죽}으로 풀이되면서 〈등＋

부위＋살＋가죽＋인식방식＋낮춤〉의 특성을 문제삼고 있다. 이 낱말
은 〈복부〉 분절구조의 [뱃가죽]과 비교가 되는 것으로 [가죽]이라는 낱
말 자체에 비하의 의미가 담겨 있는 것으로 추측된다. (487)은 {'등가죽
이나 등의 살갗'을 속되게 이르는 말}로 풀이되면서 〈등＋부위＋가죽·
살＋인식방식＋낮춤〉의 특성을 문제삼고 있다. (488)은 {'등살'을 속되
게 이르는 말}로 풀이되면서 [등껍질]과 같은 특성을 문제삼고 있다.

  지금까지 〈등〉의 분절구조에 관하여 살펴보았다. 이것을 도식화하
면 [그림 58], [그림 59]와 같다.

[그림 58] 〈등〉의 분절구조 (1)

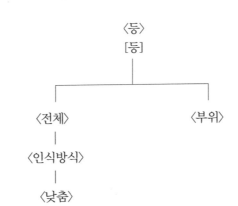

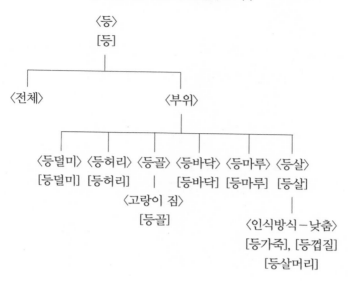

[그림 59] 〈등〉의 분절구조 (2)

5. 〈허리〉, 〈옆구리〉 명칭 분절구조

〈몸통〉의 한 부분을 이루는 〈허리〉와 〈옆구리〉는 〈어깨〉, 〈가슴〉, 〈배〉, 〈등〉에 비하여 비교적 단조로운 분절상을 보이기 때문에 편의상 하나의 단락에서 다루고자 한다.

(489) 허리

(489)는 {동물의 등뼈 아래에서 골반까지의 잘록한 부분}으로 풀이 되면서 〈몸통＋부위＋허리〉의 특성을 문제삼고 있다.

(490) 개미허리

(490)은 {매우 가는 허리를 비유적으로 이르는 말}로 풀이되면서 〈허리＋전체＋상태＋가늚〉의 특성을 문제삼고 있다.

(491) 허리둘레

(491)은 {허리의 둘레}로 풀이되면서 〈허리＋부위＋둘레〉의 특성을 문제삼고 있다.

(492) 옆구리

(492)는 {가슴과 등 사이의 양쪽 옆부분}으로 풀이되면서 〈몸통＋옆구리〉의 특성을 문제삼고 있다.

지금까지 〈허리〉, 〈옆구리〉의 분절구조에 관하여 살펴보았다. 이것을 도식화하면 [그림 60]과 같다.

[그림 60] 〈허리〉, 〈옆구리〉 명칭 분절구조

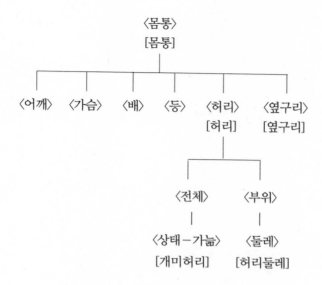

제 7 장

〈팔다리〉 명칭 어휘구조에 반영된
한국인의 세계관

〈팔다리〉는 팔과 다리를 아울러 이르는 말로, 팔다리는 손과 발까지
도 같이 포함하고 있다. 이 분절은 [팔다리], [사지(四肢)]를 상위어로 하
면서 1차적으로 〈팔〉과 〈다리〉로 하위분절된다. 〈팔〉은 다시 〈전체〉와
〈부위〉로 분절되고, 〈전체〉는 〈상태〉와 〈위치〉, 〈활동〉으로, 〈부위〉는
〈손〉, 〈겨드랑이〉, 〈팔꿈치〉, 〈팔목〉으로 하위분절된다. 〈다리〉는 〈전
체〉와 〈부위〉로 하위분절되고, 〈전체〉는 〈상태〉, 〈위치〉로, 〈부위〉는
〈발〉, 〈볼기〉, 〈넓적다리〉, 〈샅〉, 〈무릎〉, 〈정강이〉, 〈종아리〉, 〈발목〉,
〈복사뼈〉, 〈둘레〉에 의하여 하위분절된다. 〈팔다리〉 분절구조의 특징
은 서로 대칭관계를 이루는 낱말이나, 동시에 다른 분절구조에 같이 관
여하는 낱말이 많은 것이 특징이며, 또 같은 내용이라도 어떤 점에 초
점을 두었느냐에 따라서 다른 표제어를 가진 경우가 있는 것도 특징이
다.　예를들면 〈팔〉과 〈다리〉, 〈손〉과 〈발〉등이 대칭관계를 이루고 있
으며, 팔과 다리를 같이 지칭하는 [팔다리], 손과 발을 같이 지칭하는
[손발], 손톱과 발톱을 같이 지칭하는 [손발톱], 엄지발가락과 엄지손가
락을 같이 지칭하는 [엄지가락], 새끼손가락과 새끼발가락을 지칭하는
[새끼가락]등은 다른 분절구조에 같이 관여하고 있는 낱말들이다. 또
[팔목], [손목]은 팔과 손이 이어지는 부분을 말하는 것으로 같은 내용

을 문제삼고 있지만 〈팔〉의 관점을 중시할 때는 [팔목]으로, 〈손〉의 관점을 중시할 때는 [손목]으로 표현하고 있다.

이러한 〈팔다리〉 분절구조의 특성에 해당하는 원어휘소는 [팔다리], [사지(四肢)]로 그 특성을 살펴보면 다음과 같다.

(493) 팔다리

(494) [사지(四肢)]

(493)은 {팔과 다리를 아울러 이르는 말}로 풀이되고, (494)는 {두 팔과 두 다리를 통틀어 이르는 말}로 풀이되면서 두 낱말이 같은 내용을 문제삼고 있다.[1] 이 분절의 기본구조를 도식화하면 [그림 61], [그림 62]와 같다.

[그림 61] 〈팔다리〉 명칭 분절구조 (1)

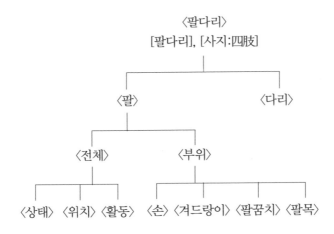

---

1   [사체(四體)], [다리팔], [네다리], [고굉(股肱)], [수각(手脚)]도 같은 특성을 문제삼고 있다.

[그림 62] 〈팔다리〉 명칭 분절구조 (2)

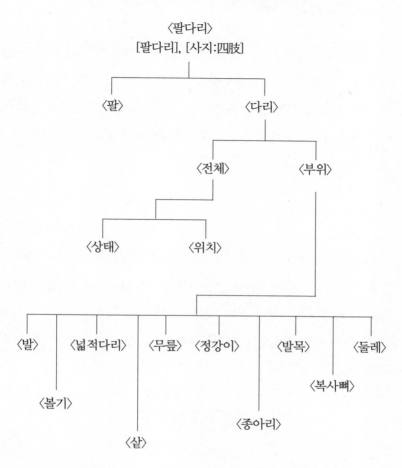

1. 〈팔〉 명칭 분절구조

〈팔〉은 사전에서는 {어깨와 손목 사이의 부분}으로 풀이되지만, '팔을 들다', '팔을 뻗다', '사지를 뻗다', '사지를 오그리다'의 예문에서 처럼, 팔의 동작 전체는 손의 움직임과 같이 이루어지기 때문에 손이 팔의 한 부분이라는 전제하에 〈팔〉 명칭 분절구조를 살펴보고자 한다.

(495) 팔

(496) 상지(上脂)

(495)는 {어깨와 손목 사이의 부분}으로 풀이되면서 〈팔＋전체〉의 특성을 문제삼고 있다. [팔]은 [다리]와 대칭관계를 이루고 있다. (496)도 같은 특성을 문제삼고 있다. 〈팔〉은 〈다리〉와, 〈상지(上脂)〉는 〈하지(下肢)〉와 대칭관계에 있다. (495), (496)을 원어휘소로 하는 〈팔〉 명칭 분절구조의 기본구조를 도식화하면 [그림 63]과 같다.

[그림 63] 〈팔〉 명칭의 기본구조

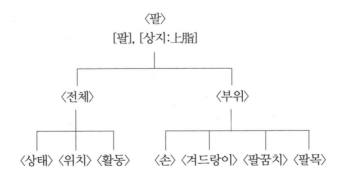

(497) 곰배팔

(497)은 {꼬부라져서 펼 수 없게 된 팔}로 풀이되면서 〈팔＋전체＋상태＋모양＋꼬부라짐〉의 특성을 문제삼고 있다.

(498) 몽당팔
(499) 외팔

(498)은 {사고나 병으로 팔의 일부가 잘려 나간 팔}로 풀이되면서 〈팔＋전체＋상태＋모양＋잘려 나감〉의 특성을 문제삼고 있다. (499)는 {한쪽만의 팔}로 풀이되면서 〈팔＋전체＋상태＋모양＋한쪽만 있음〉의 특성을 문제삼고 있다.

(500) 위팔
(501) 상박(上膊)

(500)은 {어깨에서 팔꿈치까지의 부분}으로 풀이되면서 〈팔＋전체＋위치＋위/아래＋위＋어깨와 팔꿈치 사이〉의 특성을 문제삼고 있다. (501)도 같은 특성을 문제삼고 있다.

(502) 견대팔
(503) 넓적팔

(502)는 {어깻죽지와 팔꿈치 사이의 부분}으로 풀이되면서 〈팔＋전체＋위치＋위/아래＋위＋어깻죽지와 팔꿈치 사이〉의 특성을 문제삼고

있다. (503)은 {팔에서 팔오금 위의 부분}으로 풀이되면서 〈팔＋전체＋위치＋위/아래＋위＋팔오금 위〉의 특성을 문제삼고 있다.

(504) 아래팔
(505) 하박(下膊)
(506) 팔뚝

(504)는 {팔꿈치부터 손목까지의 부분}으로 풀이되면서 〈팔＋전체＋위치＋위/아래＋아래〉의 특성을 문제삼고 있다.[2] (505)도 같은 특성을 문제삼고 있다. (500)의 [위팔]과 (504)의 [아래팔], (501)의 [상박(上膊)]과 (505)의 [하박(下膊)]은 대칭관계를 이루고 있다. (506)은 {아래팔을 일상적으로 이르는 말}로 풀이되면서 〈팔＋전체＋위치＋위/아래＋아래〉의 특성을 문제삼고 있다. 하지만 [아래팔]보다는 [팔뚝]이 일상어에서 많이 쓰이고 있다.

(507) 오른팔
(508) 바른팔

(507)은 {오른쪽에 달린 팔}로 풀이되면서 〈팔＋전체＋위치＋오른쪽/왼쪽＋오른쪽〉의 특성을 문제삼고 있다. (508)도 같은 특성을 문제삼고 있다. (507)의 [오른팔]은 [왼팔]과 대칭관계에 있다. 위의 단어들에서 오른팔을 [바른팔]이라고 한 것은 [오른팔]을 쓰는 것이 바르고 옳다는 의미에서 이러한 낱말이 생겨난 것으로 추측할 수 있다. 이러한

---

2 [전박(前膊)], [전완(前腕)], [하박(下膊)]도 같은 내용을 문제삼고 있다.

우리 민족의 의식구조의 흐름은 [오른손], [바른손]에서도 나타나고 있
다.

(509) 우완(右腕)

(510) 왼팔

(511) 좌완(左腕)

(509)는 {오른팔}로 풀이되면서 〈팔＋전체＋위치＋오른쪽/왼쪽＋
오른쪽〉의 특성을 문제삼고 있다. 이 낱말은 [좌완(左腕)]과 대칭관계
에 있다. (510)은 {왼쪽 팔}로 풀이되면서 〈팔＋전체＋위치＋오른쪽/왼
쪽＋왼쪽〉의 특성을 문제삼고 있다. (511)도 같은 특성을 문제삼고 있
다.

(512) 줌팔

(512)는 {줌을 쥐는 팔}로 풀이되면서 〈팔＋전체＋활동＋활을 쏨＋
줌을 쥠〉의 특성을 문제삼고 있다.
　지금까지 살펴본 〈팔〉 명칭 분절구조를 도식화하면 [그림 64]와 같
다.

[그림 64] 〈팔〉 명칭 분절구조

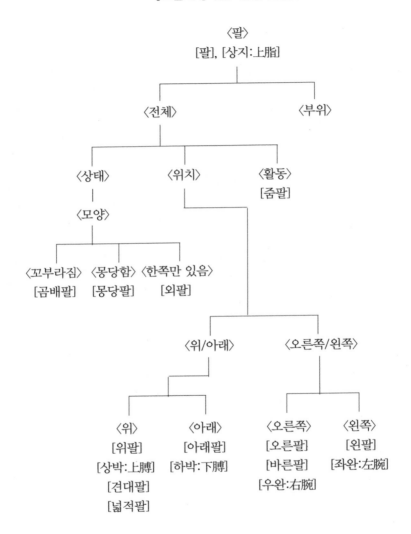

1) 〈손〉 명칭 분절구조

〈손〉은 사람의 팔목 끝에 달린 부분으로서 {사람의 팔목 끝에 달린 부분}, {손가락}, {일손}, {어떤 일을 하는 데 드는 사람의 힘이나 노력}, {어떤 일의 영향력이나 권한이 미치는 범위}로 풀이된다. 이 연구와 관련이 있는 내용은 {사람의 팔목 끝에 달린 부분}, {손가락}이 될 것이다. 〈손〉 명칭 분절은 크게 〈전체〉와 〈부위〉로 하위분절되고, 〈전체〉는 〈상태〉, 〈위치〉, 〈활동〉에 의하여, 〈부위〉는 〈손가락〉, 〈손등/손바닥〉에 의하여 하위분절된다. 그 자세한 내용을 살펴보면 다음과 같다.

(513) 손

(513)은 {사람의 팔목 끝에 달린 부분}으로 풀이되면서 〈팔＋부위＋손〉의 특성을 문제삼고 있으며, 이 낱말은 〈손〉 분절구조의 원어휘소의 자리를 차지하고 있다. 이 낱말은 {손가락}이라는 내용도 같이 문제삼고 있다.

(514) 물손
(515) 진손

(514)는 {물이 묻은 손}으로 풀이되면서 〈손＋전체＋상태＋부착＋있음＋액체〉라는 특성을 문제삼고 있다. (515)는 {마르지 아니하여 물기가 있는 손}으로 풀이되면서 (514)와 같은 특성을 문제삼고 있다.

(516) 까마귀손

(516)은 {때가 덕지덕지 낀 시커먼 손을 비유적으로 이르는 말}로 풀이되면서 〈손＋전체＋상태＋부착＋있음＋때〉의 특성을 문제삼고 있다.

(517) 맨손
(518) 백수(白手)

(517)은 {아무것도 끼거나 감지 아니한 손}으로 풀이되면서 〈손＋전체＋상태＋부착＋없음〉의 특성을 문제삼고 있다. (518)도 같은 특성을 문제삼고 있다. 또한 [맨손]은 {아무것도 가지지 아니한 손}이라는 내용도 같이 문제삼고 있다.

(519) 마른손

(519)는 {물에 적시지 아니한 손}으로 풀이되면서 〈손＋전체＋상태＋부착＋없음＋액체〉의 특성을 문제삼고 있다.

(520) 빈손
(521) 도수(徒手)[3]
(522) 적수(赤手)

(520)~(522)는 {아무것도 가지지 아니한 손}으로 풀이되면서 〈손＋전체＋상태＋소유＋부정〉의 특성을 문제삼고 있다.

---

3 '적수공권(赤手空拳)'은 {[맨손과 맨주먹이란 뜻으로] 아무것도 가진 것이 없음}으로 풀이되는 것으로 이것은 도수공권(徒手空拳)과 같은 뜻을 가진다.

(523) 터럭손

(523)은 {터럭이 많이 난 손}으로 풀이되면서 〈손＋전체＋상태＋모양＋털이 있음〉의 특성을 문제삼고 있다.

(524) 섬수(纖手)

(524)는 {가냘프고 연약한 손}으로 풀이되면서 〈손＋전체＋상태＋모양＋가냘픔＋연약함〉의 특성을 문제삼고 있다.

(525) 깍짓손

(525)는 {깍지를 낀 손}으로 풀이되면서 〈손＋전체＋상태＋모양＋깍지를 낌〉의 특성을 문제삼고 있다.

(526) 주먹(손)
(527) 줌

(526)은 {다섯 손가락을 모두 안쪽으로 오므려 둥글게 된 상태의 손}으로 풀이되면서 〈손＋전체＋상태＋모양＋오그라짐〉의 특성을 문제삼고 있다. (527)은 (526)의 준말로 같은 특성을 문제삼고 있다. 이 낱말은 '한 줌의 쌀', ' 한 줌의 흙으로 돌아가다.' 의 예에서 보이는 것처럼 관형사와 함께 쓰이고 있다.

(528) 종주먹

(528)은 {주로 '(들이)대다', '지르다', '쥐다' 등과 함께 쓰여 을러대기 위해 쥔 주먹을 이르는 말}로 풀이되면서 〈손+전체+모양+오그라짐+목적+위협〉의 특성을 문제삼고 있다.

(529) 맨주먹
(530) 빈주먹
(531) 공권(空拳)

(529)는 {아무것도 가지지 아니한 빈주먹}으로 풀이되면서 〈손+상태+모양+오그라짐+소유+부정〉의 특성을 문제삼고 있다. (530)은 {아무것도 가진 것이 없는 주먹}으로 풀이되면서 (529)와 같은 특성을 문제삼고 있다. (531)은 {맨주먹}으로 풀이되면서 〈손+상태+모양+오그라짐+소유+부정〉의 특성을 문제삼고 있다.

(532) 꼬막손

(532)는 {손가락이 짤막한 조막만한 손}으로 풀이되면서 〈손+상태+모양+조막만함〉의 특성을 문제삼고 있다.

(533) 조막손

(533)은 {손가락이 오그라져 펴지 못하는 손}으로 풀이되면서 〈손+상태+병+펴지 못함〉의 특성을 문제삼고 있다.[4]

---

4 {손가락 끝에 종기가 나서 곪은 병}으로 [생인손]이 있다.

(534) 몽당손

(534)는 {병으로 손가락이 없어진 손}으로 풀이되면서 〈손+상태+병+손가락이 없어짐〉의 특성을 문제삼고 있다.

(535) 약손

(535)는 {만지면 아픈 곳이 낫는다고 하면서 아픈 데를 어루만져주는 손}으로 풀이되면서 〈손+상태+병+치료〉의 특성을 문제삼고 있다.

지금까지 〈손〉 명칭의 분절구조에 대하여 〈상태〉와 그 하위의 〈소유〉, 〈부착〉, 〈모양〉, 〈병〉으로 하위분절되는 내용을 살펴보았다. 이것을 도식화하면 [그림 65], [그림 66]과 같다.

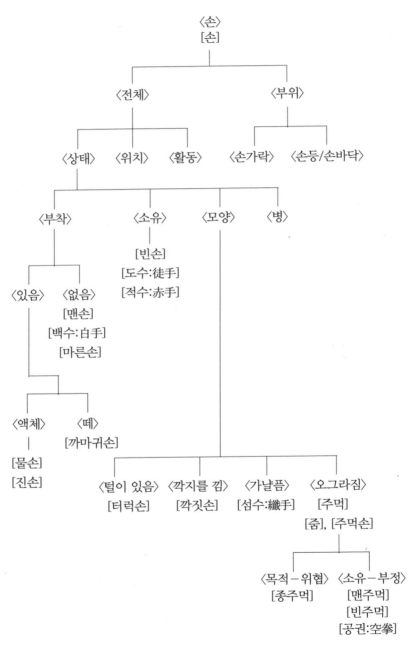

[그림 65] 〈손〉 명칭의 분절구조 (1)

[그림 66] 〈손〉 명칭의 분절구조 (2)

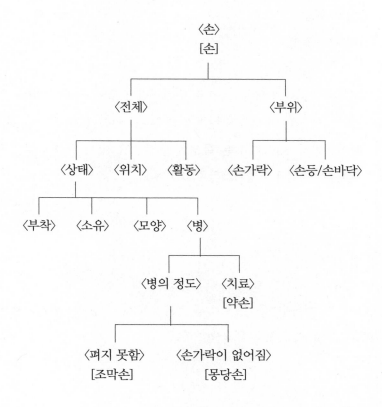

(536) 오른손

(537) 바른손

(538) 우수(右手)

(536)은 {오른쪽에 있는 손}으로 풀이되면서 〈손＋전체＋위치＋오른쪽/왼쪽＋오른쪽〉의 특성을 문제삼고 있다. (537), (538)은 {오른손}으로 풀이되면서 (536)과 같은 특성을 문제삼고 있다. 위의 낱말들은 [왼손], [좌수(左手)]와 대칭관계를 이루고 있다.

(539) 왼손

(540) 좌수(左手)

(539), (540)은 {왼쪽 손}으로 풀이되면서 〈손＋전체＋위치＋오른쪽/왼쪽＋왼쪽〉의 특성을 문제삼고 있다.

(541) 척수(隻手)

(542) 외손

(541)은 {한쪽 손}으로 풀이되면서 〈손＋전체＋위치＋한쪽/양쪽＋한쪽〉의 특성을 문제삼고 있다. (542)도 {척수}로 풀이되면서 (541)과 같은 특성을 나타낸다.

(543) 양수(兩手)

(544) 양손

(543)은 {양손}으로 풀이되면서 〈손＋전체＋위치＋한쪽/양쪽＋양쪽〉의 특성을 문제삼고 있다. (544)는 {양쪽 손}으로 풀이되면서 (543)과 같은 특성을 문제삼고 있다.

(545) 손안

(546) 수중(手中)

(545)는 {손의 안}으로 풀이되면서 〈손＋전체＋위치＋안/밖＋안〉의 특성을 문제삼고 있다. (546)도 {손의 안}으로 풀이되면서 (545)와 같은 특성을 문제삼고 있다.[5]

지금까지 보여준 〈손〉 명칭의 〈전체〉에 해당하는 분절구조 중 〈위치〉의 분절구조를 도식화하면 [그림 67]과 같다.

---

5 [수리(手裏)]도 같은 내용을 문제삼고 있다.

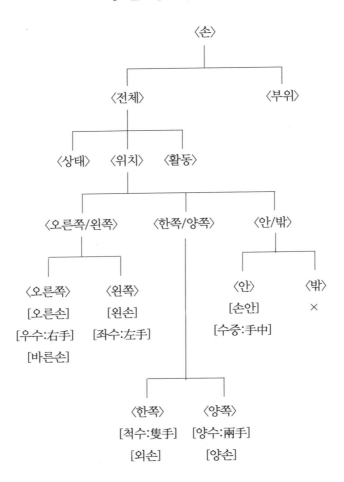

[그림 67] 〈손〉 명칭의 분절구조 (3)

(547) 일손

(548) 살손

(549) 뒷손

(547)은 {일하는 손}으로 풀이되면서 〈손＋전체＋활동＋일을 함〉의 특성을 문제삼고 있다. (548)은 {어떤 일을 할 때 연장이나 다른 물건을 쓰지 않고 직접 대서 만지는 손}으로 풀이되면서 〈손＋전체＋활동＋일을 함＋도구 사용하지 않음〉의 특성을 문제삼고 있다. 또한 이 단어는 {일을 정성껏 하는 손}이라는 특성도 같이 문제삼고 있다. (549)는 {뒤로 내미는 손}으로 풀이되면서 〈손＋전체＋활동＋뒤로 내밂〉의 특성을 문제삼고 있다.

(550) 줌손

(551) 줌앞

(552) 줌뒤

(550)은 {활의 줌통을 잡은 손}으로 풀이되면서 〈손＋전체＋활동＋활을 쏨〉의 특성을 문제삼고 있다. (551)은 {활을 쏠 때에 줌통을 쥔 주먹의 안쪽}으로 풀이되면서, 이것은 〈손＋전체＋활동＋활을 쏨＋상태＋주먹을 쥠＋위치＋앞〉의 특성을 문제삼고 있다. (552)는 {활을 쏠 때에 줌통을 쥔 주먹의 겉쪽}으로 풀이되면서, 이것은 〈손＋전체＋활동＋활을 쏨＋상태＋주먹을 쥠＋위치＋뒤〉의 특성을 문제삼고 있다.

지금까지 〈손〉 명칭의 분절구조의 〈활동〉의 분절구조에 대하여 살펴보았다. 이것을 도식화하면 [그림 68]과 같다.

[그림 68] 〈손〉 명칭의 분절구조 (4)

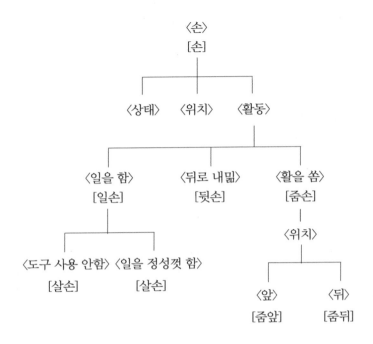

(553) 손가락

(554) 수지(手指)

(553)은 {손끝에 가늘고 길게 달려 있어, 굽혔다 폈다 할 수 있고 물건을 잡을 때 중요한 구실을 하는 다섯 개의 가락}으로 풀이되면서 〈손＋부위＋손가락〉의 특성을 문제삼고 있다. (554)는 {손가락}으로 풀이되면서 (553)과 같은 특성을 문제삼고 있지만, 궁중어에서도 〈손〉이라는 내용을 지칭할 때 쓰이는 것으로 보아 〈인식방식＋높임〉의 특성

을 추가하고 있다. [손]도 {손가락}이라는 내용을 문제삼고 있기도 하다.

(555) 엄지(손)

(556) 엄지(손)가락

(555)는 {엄지손가락}으로 풀이되면서 〈손+부위+손가락+전체+위치+서열+첫째〉의 특성을 문제삼고 있다. (556)은 {손가락 가운데 가장 짧고 굵은 첫째 손가락}으로 풀이되면서 이것은 〈손+부위+손가락+전체+위치+서열+첫째〉의 특성을 문제삼고 있다. [엄지가락]은 {엄지손가락이나 엄지발가락을 통틀어 이르는 말}이기도 하다.

(557) 첫손(가락)

(557)은 {'엄지손가락'을 첫째 손가락이라는 뜻으로 쓰는 말}로 풀이되면서 〈손+부위+손가락+전체+위치+서열+첫째+서열의 강조〉의 특성을 문제삼고 있다.

(558) 거지(巨指)

(559) (대)(무)지(大拇指)

(560) 벽지(擘指)

(558)은 {엄지가락, 즉 엄지손가락이나 엄지발가락}으로 풀이되면서 〈손+부위+손가락+전체+위치+서열+첫째+큼의 강조〉의 특성을 문제삼고 있다. (559), (560)은 {엄지손가락}으로 풀이되면서 〈손+부위+손가락+전체+위치+서열+첫째+크기+큼의 강조〉의 특성을

문제삼고 있다.

 (561) 검지

 (562) 식지(食指)

 (563) 집게손가락

 (564) 두지(頭指)

 (565) 인지(人指)

 (566) 염지(鹽指)

 (561)~(566)은 {엄지손가락과 가운뎃손가락 사이에 있는 둘째손가락}으로 풀이되면서 〈손＋부위＋손가락＋전체＋위치＋서열＋두 번째〉의 특성을 문제삼고 있다. [식지(食指)], [집게손가락]에서는 무엇을 집을 때, 식사를 할 때 중심적인 역할을 한다는 의미를 추측해낼 수 있다. 사용 빈도수를 살펴볼 때 [두지(頭指)], [인지(人指)], [염지(鹽指)]는 거의 사용되지 않고 있다.

 (567) 가운뎃손가락

 (568) 장지(長指)(가락)

 (569) 중지(中指)

 (567)은 {다섯 손가락 중에서 가장 긴 셋째 손가락}으로 풀이되면서 〈손＋부위＋손가락＋전체＋위치＋서열＋세 번째〉의 특성을 문제삼고 있다. (568)은 {가운뎃손가락}으로 풀이되면서 이것은 〈손＋부위＋손가락＋전체＋위치＋서열＋세 번째＋길이＋깊의 강조〉의 특성을 문제삼

고 있다. (569)는 {가운뎃손가락}으로 풀이되면서 〈손＋부위＋손가락＋
전체＋위치＋서열＋세 번째＋서열의 강조〉의 특성을 문제삼고 있다.

(570) 약손(가락)

(571) 약지(藥指)

(572) 무명지(無名指)

(570)은 {가운뎃손가락과 새끼손가락 사이에 있는 손가락}으로 풀
이되면서 〈손＋부위＋손가락＋전체＋위치＋서열＋네 번째＋기능＋
약을 탐〉의 특성을 문제삼고 있다. (571)도 {약손가락}으로 풀이되면
서 위와 같은 특성을 문제삼고 있다. (572)는 {약손가락}으로 풀이되
면서 〈손＋부위＋손가락＋전체＋위치＋서열＋네 번째＋기능＋약을
탐＋사용 빈도＋작음〉의 특성을 문제삼고 있다.

(573) 새끼손(가락)

(574) 새끼가락

(573)은 {손가락 가운데 맨 마지막에 있는 가장 작은 손가락}으로 풀
이되면서 〈손＋부위＋손가락＋전체＋위치＋서열＋다섯 번째＋크기＋
작음〉의 특성을 문제삼고 있다. (574)도 같은 특성을 문제삼고 있다. 하
지만 이 낱말은 {새끼손가락과 새끼발가락을 통틀어 이르는 말}이라는
특성을 문제삼고 있기도 하다.

(575) 계지(季指)

(576) (수)소지(手小指)

(575)는 {새끼손가락}으로 풀이된다. 한자어 '季'는 ① 어릴 계, ② 어린이 계, ③ 소년 계, ④ 끝계, ⑤ 철 계를 뜻하는 것으로, '계지(季指)'는 여러 가지 의미 중에 '끝'을 나타낸다. 그래서 이 낱말의 특성은 〈손＋부위＋손가락＋전체＋위치＋서열＋다섯 번째＋서열의 강조〉라는 특성을 문제삼는다고 할 수 있다. (576)은 {새끼손가락}으로 풀이되면서 〈손＋부위＋손가락＋전체＋위치＋서열＋다섯 번째＋크기＋작음의 강조〉의 특성을 문제삼고 있다.

(577) 기지(技指)

(577)은 {육손이의 덧붙은 손가락}으로 풀이되면서 〈손＋부위＋손가락＋전체＋위치＋서열＋여섯 번째〉의 특성을 문제삼고 있다.

(578) 들이손가락

(578)은 {엄지손가락과 집게손가락을 같이 이르는 말}로 풀이되면서 〈손＋부위＋손가락＋개수＋둘＋대상＋엄지손가락＋집게손가락〉의 특성을 문제삼고 있다.

(579) (하)삼지(三指)

(579)는 {활을 쏠 때 활을 잡는 줌손의 세 손가락}으로 풀이되면서 〈손＋부위＋손가락＋전체＋개수＋셋＋활동＋활을 쏨＋상태＋주먹을 쥠〉의 특성을 문제삼고 있다.

(580) 오지(五指)

(580)은 {다섯손가락}으로 풀이되면서 〈손＋부위＋손가락＋개수＋다섯〉의 특성을 문제삼고 있다. 〈갯수〉에 있어서 [삼지(三指)], [오지(五指)]는 홀수를 중요시하는 우리 민족의 '수'에 대한 관조방식을 보여주는 것이라 할 수 있다.

(581) 손끝
(582) 지두(指頭)
(583) 지첨(指尖)

(581)은 {손가락의 끝}으로 풀이되면서 〈손＋부위＋손가락＋부위＋끝〉의 특성을 문제삼고 있다. (582), (583)은 {손가락의 끝}으로 풀이되면서 (581)과 같은 특성을 문제삼고 있다.

(584) 손톱
(585) 지조(指爪)
(586) 수조(手爪)

(584)는 {손가락 끝의 위 부분을 덮고 있는, 뿔같이 단단한 물질}로 풀이되면서 〈손＋부위＋손가락＋부위＋손톱〉의 특성을 문제삼고 있다. (585), (586)도 (584)와 같은 특성을 문제삼고 있다. 다만 쓰임에서 다른데 [수조(手爪)]는 궁중어에서 쓰이는 용어이다.

(587) 엄지손톱

(588) 새끼손톱

(587)은 {엄지손가락의 손톱}으로 풀이되면서 〈손＋부위＋손가락＋
부위＋손톱＋위치＋첫째〉의 특성을 문제삼고 있다. (588)은 {새끼손가
락의 손톱}으로 풀이되면서 〈손＋부위＋손가락＋부위＋손톱＋위치＋
다섯째〉의 특성을 문제삼고 있다.

(589) 속손톱

(589)는 {손톱에 있는 반달 모양의 하얀 부분}으로 풀이되면서
〈손＋부위＋손가락＋부위＋손톱＋위치＋속〉의 특성을 문제삼고 있다.

(590) 손살

(590)은 {손가락과 손가락의 사이}로 풀이되면서 〈손＋부위＋손가
락＋부위＋사이〉의 특성을 문제삼고 있다.

(591) 손아귀
(592) 수악(手握)

(591)은 {엄지손가락과 다른 네 손가락과의 사이}로 풀이되면서
〈손＋부위＋손가락＋부위＋사이＋위치＋엄지손가락과 네 손가락의
사이〉의 특성을 문제삼고 있다. (592)도 같은 특성을 문제삼고 있다.
지금까지 〈손〉 명칭의 〈손가락〉의 분절구조에 대하여 살펴보았다.
이것을 도식화하면 [그림 69], [그림 70], [그림 71]과 같다.

[그림 69] 〈손가락〉 명칭 분절구조 (1)

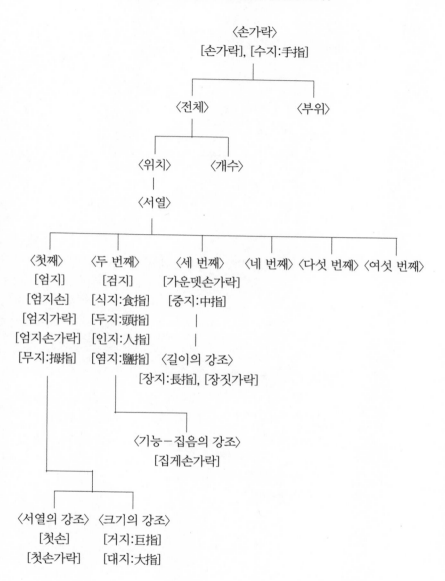

[그림 70] 〈손가락〉 명칭 분절구조 (2)

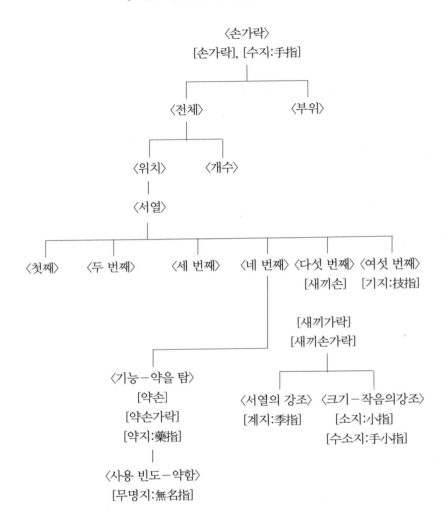

[그림 71] 〈손가락〉 명칭의 분절구조 (3)

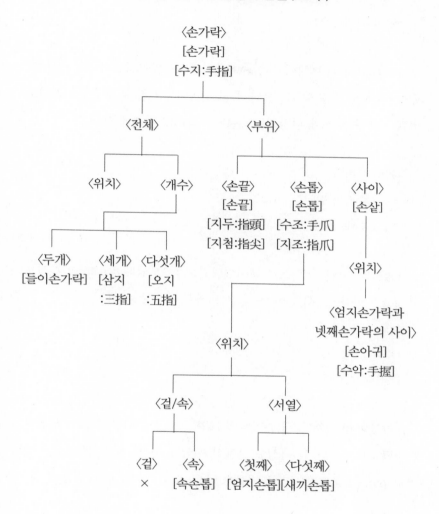

(593) 손등

(594) 수배(手背)

(593)은 {손의 바깥쪽. 곧, 손바닥의 뒤}로 풀이되면서 〈손＋부위＋
손등〉의 특성을 문제삼고 있다. (594)는 (593)과 같은 특성을 문제삼고
있다. 〈손등〉은 뒤에 설명되는 〈손바닥〉과 대칭관계에 있다.

(595) 손바닥

(596) 수장(手掌)

(597) 수벽(手擗)

(595)는 {손의 안쪽}으로 풀이되면서 〈손＋부위＋손바닥〉의 특성을
문제삼고 있다. (596), (597)도 같은 특성을 문제삼고 있다.

(598) 손꼴

(599) 장상(掌狀)

(598)은 {손가락을 편 손바닥의 모양}으로 풀이되면서 〈손＋부위＋
손바닥＋모양＋폄〉의 특성을 문제삼고 있다. (599)는 {손꼴}로 풀이되
면서 (598)과 같은 특성을 문제삼고 있다.

(600) 손뼉

(601) 외손뼉

(600)은 {손바닥과 손가락을 합친 전면의 밑바닥}으로 풀이되면

서 〈손＋부위＋손바닥＋손가락 바닥〉이라는 특성을 문제삼고 있다. (601)은 {한쪽의 손뼉}으로 풀이되면서 〈손＋부위＋손뼉＋위치＋한쪽〉의 특성을 문제삼고 있다.

지금까지 보여준 〈손등/손 부위〉 명칭에 대하여 그 내용을 도식화하면 [그림 72]와 같다.

[그림 72] 〈손등/손 부위〉 명칭 분절구조

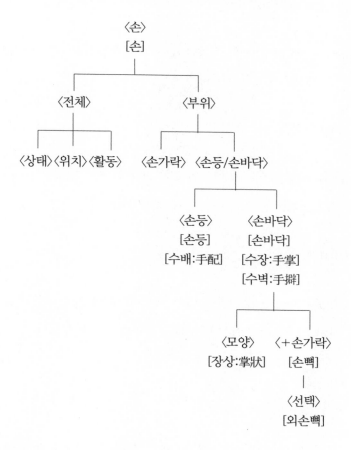

2) 〈겨드랑이〉, 〈팔꿈치〉, 〈팔목〉 명칭 분절구조

〈겨드랑이〉, 〈팔꿈치〉, 〈팔목〉 명칭 분절구조는 〈팔〉의 분절구조를 이루는 〈손〉의 분절구조와 비교하여 볼 때 비교적 단조로운 분절상을 보이기 때문에 한 단락에서 다루고자 한다. 그 내용을 살펴보면 다음과 같다.

(602) 겨드랑(이)

(602)는 {양편 팔 밑의 오목한 곳}으로 풀이되면서 〈팔＋부위＋겨드랑이〉의 특성을 문제삼고 있다.[6]

(603) 팔꿈치

(603)은 {팔의 위아래 마디가 붙은 관절의 바깥쪽}으로 풀이되면서 〈팔＋부위＋팔꿈치〉의 특성을 문제삼고 있다.

(604) (팔)오금

(604)는 {아래팔과 위팔을 이어주는 뼈마디의 안쪽 부분}으로 풀이되면서 〈팔＋부위＋팔꿈치＋안쪽〉의 특성을 문제삼고 있다.

(605) 팔목

---

6 의학용어에서 [겨드랑이]를 전문적으로 이르는 말로 [액와(腋窩)]가 있다.

(605)는 {팔과 손을 잇는 부분}으로 풀이되면서 〈팔＋부위＋팔목＋팔의 강조〉의 특성을 문제삼고 있다.

(606) 손목

(606)은 {손과 팔이 잇닿는 부분}으로 풀이되면서 〈팔＋부위＋팔목＋손의 강조〉의 특성을 문제삼고 있다.[7]

지금까지 살펴본 〈팔〉의 한 분절구조를 이루는 〈겨드랑이〉, 〈팔꿈치〉, 〈팔목〉의 분절구조를 도식화하면 [그림 73]과 같다.

[그림 73] 〈겨드랑이〉, 〈팔꿈치〉, 〈팔목〉 명칭 분절구조

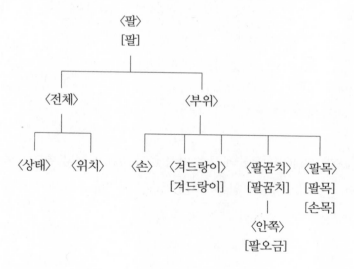

---

7   [수수(手首)], [완수(腕手)]도 같은 내용을 문제삼고 있다.

2. 〈다리〉 명칭 분절구조

〈다리〉는 몸통 아래 붙어 있는 신체의 부분으로 〈팔〉과 대칭관계에 있으면서 〈사지(四肢)〉의 한 부분을 차지하고 있다. 다리는 신체의 한 부분 이외에도 {물체의 아래쪽에 붙어서 그 물체를 받치거나 직접 땅에 닿지 아니하게 하거나 높이 있도록 버티어놓은 부분}, {오징어나 문어 따위의 동물의 머리에 여러 개 달려 있어 헤엄을 치거나 먹이를 잡거나 촉각을 가지는 기관}, {안경의 테에 붙어서 귀에 걸게 된 부분}이라는 내용도 문제삼고 있다. 〈다리〉 분절은 크게 〈전체〉와 〈부위〉로 하위분절되는데, 〈전체〉는 〈상태〉, 〈위치〉, 〈동작〉에 의하여 〈부위〉는 〈발〉, 〈볼기〉, 〈넓적다리〉, 〈샅〉, 〈무릎〉, 〈정강이〉, 〈종아리〉, 〈발목〉, 〈둘레〉에 의하여 하위분절된다.

(607) 다리
(608) 하지(下肢)

(607), (608)은 {동물의 몸통 아래 붙어 있는 신체의 부분]으로 풀이되면서 〈다리〉 명칭의 원어휘소의 자리를 차지하고 있다. 〈다리〉 명칭 분절구조를 도식화하면 [그림 74]와 같다.

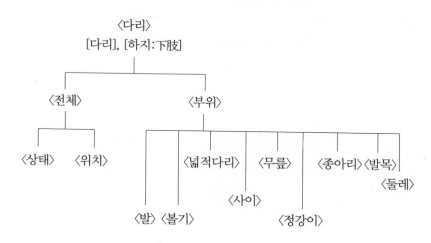
[그림 74] 〈다리〉 명칭 분절구조

(609) 밭장다리

(609)는 {두 발끝이 바깥쪽으로 벌어진 다리}로 풀이되면서 〈다리＋
전체＋상태＋모양〉의 특성을 문제삼고 있다.

(610) 곱장다리
(611) 옥다리
(612) 벋다리

(610)은 {무릎뼈는 바깥으로 벌어지고 정강이는 안으로 휘어진 다
리}로 풀이되면서 〈다리＋전체＋상태＋모양＋옥음＋무릎뼈는 바깥으
로 벌어짐＋정강이는 안으로 휨〉의 특성을 문제삼고 있다. (611)은 {바
로 섰을 때 두 다리가 O처럼 옥은 다리}로 풀이되면서 〈다리＋전체＋

상태＋모양＋옥음〉의 특성을 문제삼고 있다. (612)는 {바로 섰을 때 가
새표 모양으로 되는 다리}로 풀이되면서 〈다리＋전체＋상태＋모양＋옥
음＋가새표 모양〉의 특성을 문제삼고 있다.

(613) 안짱다리

(613)은 {두 발끝이 안쪽으로 휜 다리}로 풀이되면서 〈다리＋전체＋
상태＋모양＋안쪽으로 휨〉의 특성을 문제삼고 있다.

(614) 벋정다리
(615) 뻗정다리

(614)는 {구부렸다 폈다 하지 못하고 늘 벋어 있는 다리}로 풀이되
면서 〈다리＋전체＋상태＋모양＋벋어 있음〉의 특성을 문제삼고 있다.
(615)는 {뻗정다리의 센말}로 풀이되면서 〈다리＋전체＋상태＋모양＋
벋어 있음＋강조〉의 특성을 문제삼고 있다.

(616) 외다리
(617) 척각(隻脚)
(618) 독각(獨脚)

(616)은 {하나만 있는 다리}로 풀이되면서 〈다리＋전체＋상태＋모
양＋하나만 있음〉의 특성을 문제삼고 있다. (617), (618)도 같은 특성을
문제삼고 있다.

(619) 장각(長脚)

(620) 장족(長足)

(619)는 {긴 다리}로 풀이되면서 〈다리＋전체＋상태＋모양＋깊〉의 특성을 문제삼고 있다. (620)은 {기다랗게 생긴 다리}로 풀이되면서 〈다리＋전체＋상태＋모양＋깊〉의 특성을 문제삼고 있다.

(621) 책상다리

(622) 초헌다리

(621)은 {한쪽 다리를 오그리고 다른 쪽 다리는 그 위에 포개어 얹고 앉은 자세}로 풀이되면서 〈다리＋전체＋상태＋모양＋포갬〉의 특성을 문제삼고 있다. (622)는 {초헌이나 의자에 앉는 자세의 다리 모양}으로 풀이되면서 〈다리＋전체＋상태＋모양＋의자에 앉음〉의 특성을 문제삼고 있다.

(623) 맨다리

(624) 적각(赤脚)

(623), (624)는 {살이 드러난 다리}로 풀이되면서 〈다리＋전체＋상태＋착용＋없음〉의 특성을 문제삼고 있다. (624)는 〈赤(붉다)＋다리 → 맨다리〉라는 개념 형성 과정을 거친 것으로 추측된다. 즉 다리가 살이 드러나면 붉게 되는 현상으로 인하여 [적각(赤脚)]이란 단어가 형성된 것으로 보인다. 이 단어는 〈다리＋전체＋상태＋착용＋없음〉의 특성을 문제삼고 있다. 또한 이 단어는 {다목다리}라는 내용을 문제삼고 있기

도 하다.

(625) 다목다리

(625)는 {찬 기운을 쐬어 살빛이 검붉은 다리}로 풀이되면서 〈다리＋
전체＋상태＋색＋검붉음＋원인＋찬바람을 쐼〉의 특성을 문제삼고 있
다.

(626) 전다리

(626)은 {절름절름 저는 다리}로 풀이되면서 〈다리＋전체＋상태＋
병＋젊〉의 특성을 문제삼고 있다.

(627) 앞다리
(628) 뒷다리

(627)은 {두 다리를 앞뒤로 벌렸을 때 앞쪽 다리}로 풀이되면서 〈다
리＋전체＋위치＋앞/ 뒤＋앞〉의 특성을 문제삼고 있다. (628)은 {두 다
리를 앞뒤로 벌렸을 때 뒤쪽에 놓인 다리}로 풀이되면서 〈다리＋전체＋
위치＋앞/ 뒤＋뒤〉의 특성을 문제삼고 있다.

(629) 양다리
(630) 양각(兩脚)

(629)는 {양쪽 다리}로 풀이되면서 〈다리＋전체＋위치＋한쪽/양

쪽＋양쪽〉의 특성을 문제삼고 있다. (630)도 같은 특성을 문제삼고 있다.

(631) 윗다리
(632) 아랫다리

(631)은 {다리의 윗부분}으로 풀이되면서 〈다리＋전체＋위치＋위/아래＋위〉의 특성을 문제삼고 있다. (632)는 {다리의 아랫부분}으로 풀이되면서 〈다리＋전체＋위치＋위/아래＋아래〉의 특성을 문제삼고 있다.

지금까지 살펴본 〈다리〉의 전체 분절구조를 도식화하면 [그림 75], [그림 76]과 같다.

[그림 75] 〈다리〉 명칭 분절구조 (1)

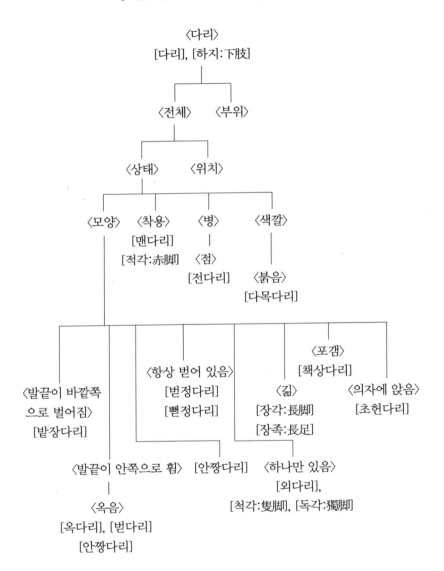

[그림 76] 〈다리〉 명칭 분절구조 (2)

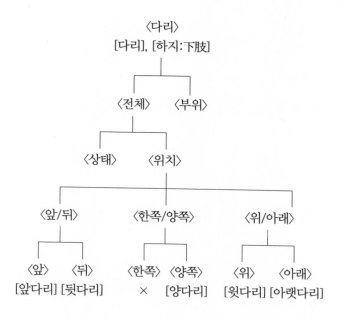

1) 〈발〉 명칭 분절구조

〈발〉은 다리의 맨 끝부분을 말하는 것으로, 신체를 지칭하는 의미 이외에 {가구 따위의 밑을 받쳐 균형을 잡고 있는 짧게 도드라진 부분}, {걸음을 비유적으로 이르는 말}, 한시(漢詩)의 시구 끝에 다는 운자(韻字)}, {한자의 아랫부분을 이루는 부수를 통틀어 이르는 말}, {(수량을 나타내는 말 뒤에 쓰여) 걸음을 세는 단위}라는 내용도 문제삼고 있다.

〈발〉 분절구조는 〈전체〉와 〈부위〉로 나뉘는데, 〈전체〉는 〈상태〉, 〈위치〉, 〈동작〉에 의하여 〈부위〉는 〈발가락〉, 〈발등/발바닥〉, 〈발가락〉, 〈뒤꿈치〉, 〈발허리〉, 〈발끝〉에 의하여 하위분절된다. 자세한 내용을 살펴보면 다음과 같다.

(633) 발

[발]은 {사람이나 동물의 다리 맨 끝 부분}으로 풀이되면서 〈다리＋부위＋발〉의 특성을 문제삼고 있다. 그 기본구조를 보이면 [그림 77]과 같다.

[그림 77] 〈발〉 명칭 기본구조 (1)

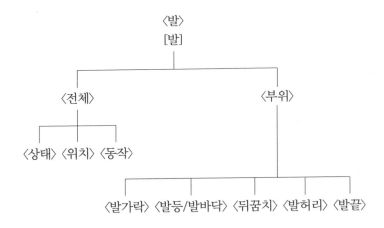

(634) 진발

(634)는 {진 곳을 디뎌서 젖고 더러워진 발}로 풀이되면서[8] 〈발＋전

---

8 [진발]은 금성판 『국어대사전』(1996)에 따르면 {진곳을 디뎌 젖은 발}, 북한의 사

체+발+상태+부착+액체+더러움〉의 특성을 문제삼고 있다. 이 낱말은 〈손〉 명칭 분절구조의 하위분절구조인 〈손〉에 나타나는 [진손]과 비교할 수 있는데, 즉 [진손]은 {물에 적신 손, 또는 젖은 손}으로 풀이되면서 〈손+상태+부착+액체〉의 특성을 문제삼고 있지만 [진발]은 〈더러움〉의 특성을 추가하여 〈발 부위+발+상태+부착+액체+더러움〉의 특성을 문제삼고 있다. 또한 〈손〉 분절구조의 [물손], [마른손]에 호응하는 〈발〉 분절구조에 해당하는 낱말은 없다.

(635) 까마귀발

(635)는 {때가 덕지덕지 낀 시커먼 발을 비유적으로 이르는 말}로 풀이되면서 〈발 부위+발+상태+부착+때〉의 특성을 문제삼고 있다. 이 낱말은 〈손〉 분절의 [까마귀손]과 비교될 수 있다.

(636) 족상(足相)

이 낱말은 발의 겉으로 나타나 보이는 생김새로 사람의 운수, 길흉을 보는 점}으로 풀이되면서 〈발+전체+상태+모양〉의 특성을 문제삼고 있다.

(637) 까치발
(638) 깨금발

회과학원 언어연구소 『조선말대사전』(1991)에 따르면 {진땅을 밟아서 어지러워진 발}, 한글학회 『우리말큰사전』(1997)에 따르면 {진창에 더러워진 발}, 『표준국어대사전』(2000)에 따르면 {진곳을 밟아서 젖고 더러워진 발}로 풀이되고 있다.

(639) 꽁지발

(637)은 {발뒤꿈치를 든 발}로 풀이되면서 〈발＋전체＋상태＋모양＋발뒤꿈치를 듦〉의 특성을 문제삼고 있다. (638)은 {발뒤꿈치를 들어올린 발}로 풀이되고, (639)는 {뒤꿈치를 들고 서 있는 발}로 풀이되면서 (637), (638)과 같은 특성을 문제삼고 있다.

(640) 납작발
(641) 마당발

(640)은 {마당발}로 풀이되면서 〈발＋전체＋상태＋모양＋볼의 넓이＋넓음＋평평함〉의 특성을 문제삼고 있다. (641)은 {볼이 넓고 바닥이 평평하게 생긴 발}로 풀이되면서 (640)과 같은 특성을 문제삼고 있다.

(642) 채발

(642)는 {볼이 좁고 길이가 알맞아 맵시 있게 생긴 발}로 풀이되면서 〈발＋전체＋상태＋모양＋맵시 있음＋볼이 좁음＋길이가 알맞음〉의 특성을 문제삼고 있다.

(643) 평발

(643)은 {발바닥이 오목 들어간 데가 없이 평평하게 된 발}로 풀이되면서 〈발＋전체＋상태＋모양＋평평함〉의 특성을 문제삼고 있다.

(644) 짝발

(644)는 {양쪽의 크기나 모양이 다르게 생긴 발}로 풀이되면서 〈발+
전체+상태+모양+짝을 이루지 않음〉의 특성을 문제삼고 있다.

(645) 군홧발

(645)는 {군화를 신은 발}로 풀이되면서 〈발+전체+상태+착용+
있음+군화를 신음〉의 특성을 문제삼고 있다.

(646) 맨발
(647) 도선(徒跣)
(648) 선족(跣足)

(646)은 {아무것도 신지 아니한 발}로 풀이되면서, 이것은 〈발+전
체+상태+착용+없음〉의 특성을 문제삼고 있다. (647), (648)은 (646)
과 같은 특성을 문제삼고 있다. 〈손〉 명칭의 분절과 비교하여 볼 때,
[공수:拱手], [적수:赤手]에 상응하는 낱말은 〈발〉 명칭 분절에는 존재
하지 않는다.[9]

(649) 절름발

---

[9] 접두사 '맨–'에 의한 단어는 신체 명칭의 하위분절구조를 이루고 있는 신체의
    각 부위에서 잘 나타나고 있다. 한글학회 『우리말큰사전』(1997)에 따르면 '맨
    눈', '맨다리', '맨대가리', '맨머리', '맨몸', '맨몸뚱이', '맨발', '맨발바닥', '맨살',
    '맨손', '맨손바닥', '맨입', '맨주먹'이 나타나고 있다.

(649)는 {걸을 때에 절름거리는 발}로 풀이되면서 〈발＋전체＋상
태＋병＋절름거림〉의 특성을 문제삼고 있다.

(650) 앞발
(651) 뒷발

(650)은 {두 발을 앞뒤로 벌릴 때 앞쪽에 놓인 발}로 풀이되면서 〈발
부위＋발＋위치＋앞뒤＋앞〉의 특성을 가진다. (651)은 {두 발을 앞뒤로
벌릴 때 뒤쪽에 놓인 발}로 풀이되면서 〈발부위＋발＋위치＋앞뒤＋뒤〉
의 특성을 가진다.

(652) 오른발
(653) 우족(右足)

(652), (653)은 {오른쪽 발}로 풀이되면서 〈발＋전체＋위치＋좌우＋
오른쪽〉의 특성을 가진다.

(654) 왼발
(655) 좌족(左足)

(654), (655)는 {왼쪽 발}로 풀이되면서 〈발＋전체＋위치＋좌우＋왼
쪽〉의 특성을 문제삼고 있다.

(656) 외발
(657) 양발

(658) 양족(兩足)

(656)은 {두 발이 아닌 한쪽만의 발}로 풀이되면서 〈발＋전체＋위치＋한쪽〉의 특성을 문제삼고 있다. (657)은 {양쪽 발}로 풀이되면서 〈발＋전체＋위치＋양쪽〉의 특성을 문제삼고 있다. (658)도 같은 특성을 문제삼고 있다.

(659) 걸음발

(659)는 {걸음을 걷는 발}로 풀이되면서 〈발＋전체＋동작＋걸음을 걸음〉의 특성을 가진다.

(660) 헛발

(660)은 {잘못 디디거나 내찬 발}로 풀이되면서 〈발＋전체＋동작＋잘못 디딤〉의 특성을 문제삼고 있다.[10]

지금까지의 내용을 도식화하면 [그림 78], [그림 79]와 같다.

---

10 '헛발'의 한자어에 해당하는 것은 '위족(僞足)'인데 한글학회의 『우리말큰사전』 (1997)에 따르면 '위족(僞足)'은 원생동물의 경우에만 해당하는 것이다.

[그림 78] 〈발〉 명칭 분절구조 (1)

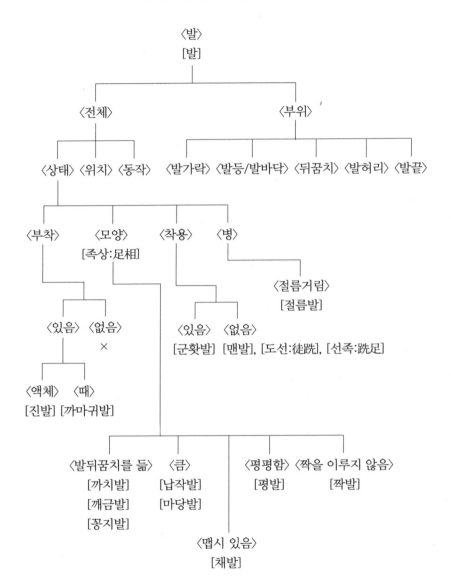

[그림 79] 〈발〉 명칭 분절구조 (2)

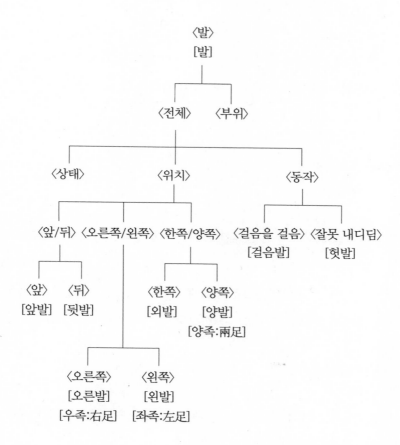

(661) 발가락

(662) 족지(足指)

(661), (662)는 {발의 앞 끝에 따로 갈라져 있는 부분}으로 풀이되면서 〈발＋부위＋발가락＋전체〉의 특성을 문제삼고 있다.

(663) 엄지발(가락)

(664) 엄지가락

(665) 장지(將指)

(663)은 {발가락 중에 가장 굵은 발가락}으로 풀이되면서 〈발가락＋전체＋위치＋서열＋첫째＋크기＋큼〉의 특성을 가진다. (664), (665)는 {엄지발가락}으로 풀이되면서 (663)와 같은 특성을 문제삼고 있다. (665)는 {엄지손가락}을 문제삼고 있기도 하다.

(666) 가운뎃발가락

이 낱말은 {(다섯 개의 발가락 중) 가운데의 발가락}으로 풀이되면서 〈발가락＋전체＋위치＋서열＋세 번째〉의 특성을 문제삼고 있다.

(667) 새끼발(가락)

(668) 새끼가락

(667)은 {다섯 발가락 중 가장 작은 발가락}으로 풀이되면서 〈발가락＋전체＋위치＋서열＋다섯 번째＋크기＋작음〉의 특성을 가진다.

(668)은 {새끼발가락}으로 풀이되면서 (667)과 같은 특성을 문제삼고 있다. 이 낱말은 {새끼손가락과 새끼발가락을 통틀어 이르는 말}이라는 특성을 문제삼고 있기도 하다.

(669) 발샅
(670) 발새

(669), (670)은 {발가락의 사이}로 풀이되면서 〈발가락＋부위＋사이〉의 특성을 문제삼고 있다.

(671) 발톱
(672) 엄지발톱
(673) 새끼발톱

(671)은 {발가락 끝을 덮어 보호하는 뿔같이 단단한 부분}으로 풀이되면서 〈발가락＋부위＋발톱〉의 특성을 가진다. (672)는 {엄지발가락에 있는 발톱}으로 풀이되면서 〈발가락＋부위＋발톱＋위치＋서열＋첫째＋크기＋큼〉의 특성을 문제삼고 있다. (673)은 {새끼발가락의 발톱}으로 풀이되면서 〈발가락＋부위＋발톱＋위치＋서열＋다섯 번째＋크기＋작음〉의 특성을 가진다.

(674) 속발톱
(675) 발톱눈

(674)는 {발톱에 있는 반달 모양의 하얀 부분}으로 풀이되면서 〈발가

락＋부위＋발톱＋위치＋겉/속＋속＋모양＋반달모양＋색깔＋휨〉의 특
성을 가진다. (675)는 {발톱의 양쪽 구석}으로 풀이되면서 〈발가락＋부
위＋발톱＋위치＋양쪽 구석〉의 특성을 가진다. 지금까지 살펴본 〈발
가락〉의 분절구조를 도식화하면 [그림 80]과 같이 도식화될 수 있다.

[그림 80] 〈발가락〉 명칭 분절구조

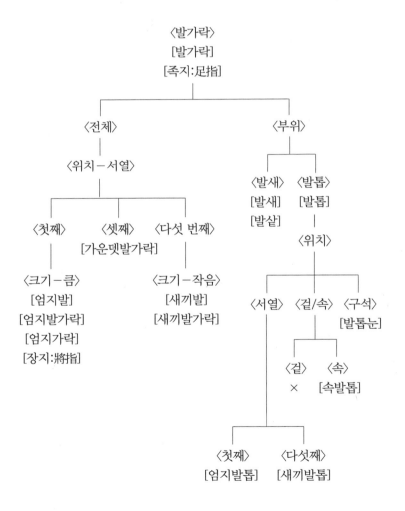

(676) 발등

(676)은 {발의 윗부분}으로 풀이되면서 〈발＋부위＋발등〉의 특성을 문제삼고 있다.

(677) 발바닥
(678) 족장(足掌)
(679) 족척(足蹠)

(677)은 {발의 아래쪽의 땅을 밟는 편편한 부분}으로 풀이되면서 〈발＋부위＋발바닥〉의 특성을 가진다. (678), (679)도 같은 특성을 문제삼고 있다.

(680) 족심(足心)

(680)은 {발바닥의 한가운데 바닥이 오목하게 들어간 곳}으로 풀이되면서 〈발＋부위＋발바닥＋위치＋오목하게 들어간 곳〉의 특성을 문제삼고 있다.

(681) 발꿈치
(682) 각근(脚根)

(681), (682)는 {발의 뒤쪽 발바닥과 발목 사이에 불룩한 부분}으로 풀이되면서 〈발＋부위＋발꿈치〉의 특성을 문제삼고 있다.

(683) 발뒤꿈치

(684) (발)뒤축

(685) 족지(足趾)

(683), (684)는 {발꿈치의 뒤쪽으로 두둑하게 나온 부분}으로 풀이되면서 〈발＋부위＋발꿈치＋위치＋뒤쪽〉의 특성을 문제삼고 있다. (685)는 {발꿈치의 뒤쪽으로 두둑하게 나온 부분}으로 풀이되면서 〈발＋부위＋발꿈치＋위치＋뒤쪽〉의 특성을 문제삼고 있다.

(686) (발)뒤꾸머리

(686)은 {'발뒤꿈치'를 속되게 이르는 말}로 풀이되면서 〈발＋부위＋발꿈치＋위치＋뒤쪽＋인식방식＋낮춤〉의 특성을 문제삼고 있다.

(687) 발허리

(687)은 {발의 잘록한 중간 부분}으로 풀이되면서 〈발＋부위＋발허리〉의 특성을 가진다.

(688) 발끝

(689) 각첨(脚尖)

(690) 발부리

(688)은 {발의 앞 끝}으로 풀이되면서 〈발＋부위＋발끝〉의 특성을 문제삼고 있다. (689)는 {발끝}으로 풀이되면서 (688)과 같은 특성을 문

제삼고 있다. (690)은 {발끝의 뾰족한 부분}으로 풀이되면서 〈발+부위+발끝+위치+뾰족한 부분〉의 특성을 문제삼고 있다.

지금까지 살펴본 〈발등/발바닥〉, 〈발꿈치〉, 〈발허리〉, 〈발끝〉의 분절구조를 도식화하면 [그림 81]과 같다.

[그림 81] 〈발등/발바닥〉, 〈발꿈치〉, 〈발허리〉, 〈발끝〉 명칭 분절구조

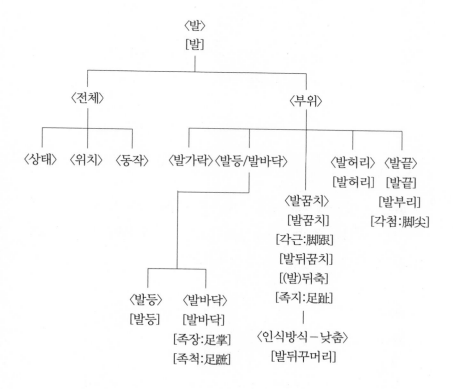

2) 〈볼기〉 명칭 분절구조

(691) 볼기

(691)은 {뒤쪽 허리 아래 허벅다리 위의 양쪽으로 살이 불룩한 부분}으로 풀이되면서 〈다리＋부위＋볼기〉의 특성을 문제삼고 있다.

(692) 볼기짝

(692)는 {'볼기'를 낮잡아 이르는 말}로 풀이되면서 〈볼기＋전체＋인식방식＋낮춤〉의 특성을 문제삼고 있다.

(693) 엉덩이
(694) 둔부(臀部)

(693)은 {골반에 이어져 있는 볼기의 윗부분}으로 풀이되면서 〈볼기＋위치＋부위＋엉덩이〉의 특성을 문제삼고 있다. (694)는 {엉덩이}로 풀이되면서 (693)와 같은 특성을 문제삼고 있다.

(695) 엉덩짝
(696) 엉덩머리

(695)는 {'엉덩이'를 속되게 이르는 말}로 풀이되면서 〈엉덩이＋전체＋인식방식＋낮춤〉의 특성을 문제삼고 있다. (696)은 {'엉덩이'를 속되게 이르는 말}로 풀이되면서 (695)와 같은 특성을 문제삼고 있다.

(697) 궁둥이

(698) 궁둥짝

(697)은 {엉덩이의 아랫부분}으로 풀이되면서 〈엉덩이＋부위＋궁둥이〉의 특성을 문제삼고 있다. (698)은 {궁둥이의 좌우 두 짝을 이르는 말}로 〈궁둥이＋위치＋양쪽〉의 특성을 문제삼고 있다. 그리고 이 낱말은 {'궁둥이'를 낮잡아 이르는 말}이라는 내용을 문제삼고 있기도 하다.

(699) 알궁둥이

(699)는 {벌거벗은 궁둥이}로 풀이되면서 〈궁둥이＋상태＋벗음〉의 특성을 문제삼고 있다. 지금까지 〈다리〉의 〈볼기〉 명칭의 분절구조에 대하여 살펴보았다. 이것을 도식화하면 [그림 82]와 같다.

[그림 82] 〈볼기〉 명칭 분절구조

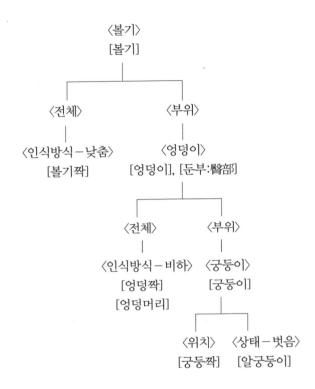

우리말 신체 명칭과 한국적 세계관

3) 〈넓적다리〉, 〈살〉, 〈무릎〉, 〈정강이〉 명칭 분절구조

(700) 넓적다리

(701) 대퇴(大腿)

(702) 상퇴(上腿)

(700)은 {다리에서 무릎 관절 위의 부분}으로 풀이되면서 〈다리＋부위＋넓적다리〉의 특성을 문제삼고 있다. (701), (702)도 같은 특성을 문제삼고 있다.

(703) 허벅다리

(704) 허벅지

(703)은 {넓적다리의 위쪽 부분}으로 풀이되면서 〈다리＋부위＋넓적다리＋위치＋위쪽〉의 특성을 문제삼고 있다. (704)는 {허벅다리 안쪽의 살이 깊은 곳}으로 풀이되면서 〈다리＋부위＋넓적다리＋위치＋위쪽＋안쪽＋살이 깊은 곳〉의 특성을 문제삼고 있다.

(705) 다리살

(705)는 {넓적다리의 안쪽}으로 풀이되면서 〈다리＋부위＋넓적다리＋위치＋안쪽〉의 특성을 문제삼고 있다.

(706) 살

(707) 사타구니

(708) 사타귀

(705)는 {두 다리의 사이}로 풀이되면서 〈다리＋부위＋사이〉의 특성을 문제삼고 있다.[11] (706)은 {'샅'의 속된 말}로 풀이되면서 〈다리＋부위＋사이＋인식방식＋낮춤〉의 특성을 문제삼고 있다. (708)도 같은 특성을 문제삼고 있다.

(709) 무릎
(710) 슬두(膝頭)

(709)는 {넓적다리와 정강이의 사이에 있는 관절의 앞부분}으로 풀이되면서 〈다리＋부위＋무릎〉의 특성을 문제삼고 있다. (710)도 같은 특성을 문제삼고 있다.

(711) 뒷무릎
(712) (다리)오금

(711)은 {무릎의 구부러지는 오목한 안쪽 부분}으로 풀이되면서 〈다리＋부위＋무릎＋안쪽〉의 특성을 문제삼고 있다. (712)도 같은 특성을 문제삼고 있다.[12]

(713) 정강이
(714) 정강다리

---

11 [고간(股間)], [서혜(鼠蹊)]도 같은 특성을 문제삼고 있다.
12 [곡추(曲瞅)]도 같은 특성을 문제삼고 있다.

(713)는 {아랫다리 앞쪽의 뼈가 있는 부분}으로 풀이되면서 〈다리＋
부위＋정강이〉의 특성을 문제삼고 있다. (714)도 같은 특성을 문제삼고
있다. 지금까지 〈넓적다리〉, 〈사이〉, 〈무릎〉, 〈정강이〉의 분절구조에
대하여 살펴보았다. 이것을 도식화하면 [그림 83]과 같다.

[그림 83] 〈넓적다리〉, 〈샅〉, 〈무릎〉, 〈정강이〉 명칭 분절구조

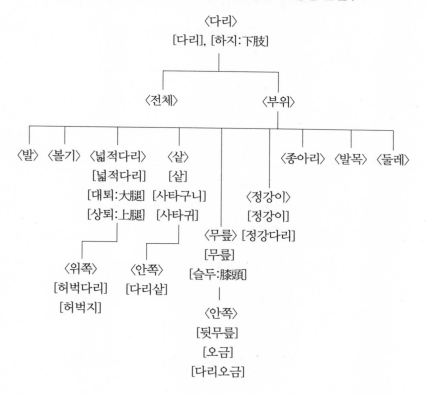

4) 〈종아리〉, 〈발목〉, 〈둘레〉 명칭 분절구조

(715) 종아리

(716) 알종아리

(715)는 {무릎과 발목 사이의 뒤쪽}으로 풀이되면서 〈다리＋부위＋
종아리〉의 특성을 문제삼고 있다. (716)은 {아무것도 가리지 않고 드러
난 종아리}로 풀이되면서 〈다리＋부위＋종아리＋상태＋착용＋없음〉의
특성을 문제삼고 있다.

(717) 발목

(717)은 {다리와 발이 이어지는 관절 부위}로 풀이되면서 〈다리＋부
위＋발목〉의 특성을 문제삼고 있다. 이 낱말은 〈팔〉 분절과 비교하여
볼 때 다른 차이점을 가지고 있다. 즉, [팔]은 [손]과 이어지는 부분을
나타내는 낱말이 [팔목], [손목]이 있음에 반하여 다리와 발이 이어지는
부분을 나타내는 말은 [발목]만 존재하고 있다.

(718) 다리통

(718)은 {다리의 둘레}로 풀이되면서 〈다리＋부위＋둘레〉의 특성을
문제삼고 있다.

지금까지 〈종아리〉, 〈발목〉, 〈둘레〉의 분절구조에 대하여 살펴보았
다. 이것을 도식화하면 [그림 84]와 같다.

[그림 84] 〈종아리〉, 〈발목〉, 〈다리통〉 명칭 분절구조

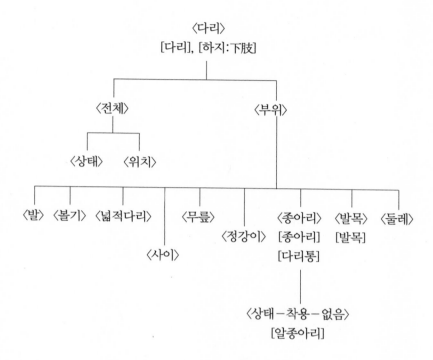

제 8 장

현대국어 〈신체〉 명칭 어휘구조에 반영된 한국인의 세계관

사람의 고유한 특성을 전제로 하는 〈신체〉와 관련된 말들은 대부분 고유어를 기본으로 하여 단어의 조성이 이루어지고, 언어공동체의 생활에 깊이 침투되어 그 사용 빈도수가 높으며, 비유적 기능이 강하여 순수한 우리말의 어휘체계를 이해하는 데 중요한 역할을 한다. 또 〈신체〉와 관련된 낱말들은 일상용어와 전문용어의 경계에 있는 낱말들이 많아서 사전에 전문용어라고 등재되어 있더라도 일상생활에서 폭넓게 쓰이는 낱말들이 많았으며, 또 서로 대칭관계를 이루는 낱말과 두 개의 분절구조에 동시에 관여하는 낱말이 많았다.

예를 들면 [흉부(胸部)], [명치], [관절] 같은 경우 의학 전문용어이지만 '흉부외과', '명치끝이 아프다', '관절이 쑤시다'에서처럼 일상생활에서 자연스럽게 쓰이고 있으며, 〈팔〉과 〈다리〉, 〈손〉과 〈발〉, [이목구비(耳目口鼻)]와 같은 단어는 각각의 낱말이 대칭관계를 이루고 있다. 또 입과 배를 같이 지칭하는 [구복(口腹)], 입과 입술을 같이 지칭하는 [구순(口脣)], 어깨와 등이 이어지는 곳을 지칭하는 [어깻등], 팔과 다리를 같이 지칭하는 [팔다리], [사지(四肢)], 손과 발을 같이 지칭하는 [손발], 손톱과 발톱을 같이 지칭하는 [손발톱], 엄지발가락과 엄지손가락을 같이 지칭하는 [엄지가락], 새끼손가락과 새끼발가락을 지칭하는 [새끼가락] 등은 둘 이상의 분절구조에 동시에 관여하고 있는 낱말들이다. 또 〈신체〉 분절구조의 특징은 같은 내용이라도 어떤 점에 초점을 두었느냐에 따라서 다른 표제어를 가진 경우가 있는 것도 특징이다. 예를 들면 [팔목], [손목]은 팔과 손이 이어지는 부분을 말하는 것으로 같은 내용을 문제삼고 있지만 〈팔〉의 관점을 중시할 때는 [팔목]으로, 〈손〉의 관점을 중시할 때는 [손목]으로 표현하고 있다.

〈신체〉 명칭 분절구조에는 718개의 낱말이 관여하고 있는데, 이 책에서는 〈신체〉는 〈전체〉와 〈부위〉로, 〈부위〉는 〈4분법〉의 관점에 따라 〈머리〉, 〈목〉, 〈몸통〉, 〈팔다리〉로 나누어 그 대상을 고찰하였다. 각각의 분절에서 보여지는 대립의 양상은 〈신체〉라는 객관세계에 대해 모국어 화자가 어떠한 방식으로 관조하는지를 나타낸다. 〈신체〉의 각각의 대표적인 분절 〈전체〉에서 보여지는 대립의 관점과 어휘의 수를 살펴보면 [표 1], [표 2]와 같다.[1]

---

1 〈신체〉의 각 부분은 〈전체〉와 〈부위〉로 하위분절되는데 〈부위〉에 해당하는 낱말은 메타언어로 명명되는 특성은 많고 빈도수가 작기 때문에 이 표에서는 각 분절의 〈전체〉에 관한 분절만 비교하기로 한다.

[표 1] 신체 각 분절의 〈전체〉에 나타난 관점의 양상과 어휘의 수

		신체	머리	얼굴	눈	코	입	귀	목
총계(전체)		63	19	82	103	20	14	2	3
상태	모양	20	9	8	60	16	4		1
	착용	8	1						
	소유	1							
	감정			14	11				
	병	3	2		1				
	미추(美醜)			17	5				
	생존	12							
	색			13		1			
	시력				17				
	음식물 섭취						2		
	부착								
	부양자	2							
	임신	1							
인식방식	높임	8	1	5	1		1		
	낮춤	6	5	4	4	2	4	2	2
성질	순결함	1							
	둔함	1							
	자는 체함					1			

		신체	머리	얼굴	눈	코	입	귀	목
총계(전체)		63	19	82	103	20	14	2	3
	능력				4				
	온화함			2					
	자애로움			1					
	숨김이 없음			1					
	어려 보임			1					
주체	임금/ 하인/ 중(궁중인)		1	6			1		
	노/소			4					
	생/사			1					
	본인/타인			5					
	사람의 수						2		
위치									
활동									
개수									
동작									

[표 2] 신체 각 분절의 〈전체〉에 나타난 관점의 양상과 어휘의 수

		어깨	가슴	복부	등	팔	다리	손	발	손가락	발가락
총계(전체)		3	6	14	4	15	22	37	26	33	7
상태	모양	1	2	2		3	14	10	8		
	착용						2		4		
	소유							3			
	감정		2								
	병						1	3	1		
	미추										
	생존										
	색						1				
	시력										
	음식물 섭취			4							
	부착							6	2		
인식 방식	높임										
	낮춤		2	2	4						
성질	순결함										
	둔함										
	자는 체함										

		어깨	가슴	복부	등	팔	다리	손	발	손가락	발가락
총계(전체)		3	6	14	4	15	22	37	26	33	7
성질	부양자 없음										
	아이를 못 뱀										
	능력										
	온화함										
	자애 로움										
	숨김이 없음										
	떳떳함										
	어려 보임										
주체	임금/ 하인										
	노/소										
	생/사										
	본인/ 타인										
	사람의 수										

		어깨	가슴	복부	등	팔	다리	손	발	손가락	발가락
총계(전체)		3	6	14	4	15	22	37	26	33	7
위치	위/아래			6		6	1				
	한쪽/양쪽	2					1	4	3		
	오른쪽/왼쪽					5		5	4		
	안/밖							2			
	서열									30	7
	앞/뒤						2		2		
활동						1		7			
개수										3	
동작									2		

위의 표들을 통하여 발견된 특징들을 요약하여 정리하면 다음과 같다.

① 〈신체〉의 〈전체〉에는 모두 모두 63개의 낱말이 관여하고 있는데, 〈전체〉는 〈상태〉, 〈인식방식〉, 〈성질〉로 하위분절되고 있다. 〈상태〉에는 〈모양〉, 〈착용〉, 〈소유〉, 〈병〉, 〈생존〉, 〈부양자〉, 〈임신〉의 특성이 관여하고 있는데, 〈모양〉에 20개, 〈착용〉에 8개, 〈소

유〉에 1개, 〈병〉에 3개, 〈생존〉에 12개, 〈부양자〉에 2개, 〈임신〉에 1개의 낱말이 관여하고 있다. 〈인식방식〉에는 〈높임〉과 〈낮춤〉의 특성이 관여하고 있는데, 〈높임〉에 8개, 〈낮춤〉에 6개의 낱말이 관여하고 있다. 〈성질〉에는 〈순결함〉과 〈둔함〉의 특성이 관여하고 있는데, 〈순결함〉과 〈둔함〉의 특성에 각각 1개의 낱말이 관여하고 있다.

② 〈신체〉의 〈머리〉에는 모두 19개의 낱말이 관여하고 있는데, 〈머리〉의 〈전체〉는 〈상태〉, 〈인식방식〉, 〈주체〉로 하위분절된다. 〈상태〉에는 〈모양〉, 〈착용〉, 〈병〉의 특성이 관여하고 있는데, 〈모양〉에 9개, 〈착용〉에 1개, 〈병〉에 3개의 낱말이 관여하고 있다. 〈인식방식〉에는 〈높임〉과 〈낮춤〉의 특성이 관여하고 있는데, 〈높임〉에는 1개, 〈낮춤〉에는 5개의 낱말이 관여하고 있다. 〈주체〉에는 〈중〉이라는 특성에 하나의 낱말이 관여하고 있다.

③ 〈신체〉의 〈얼굴〉에는 모두 82개의 낱말이 관여하고 있는데, 〈얼굴〉의 〈전체〉는 〈상태〉, 〈인식방식〉, 〈성질〉, 〈주체〉로 하위분절된다. 〈상태〉에는 〈모양〉, 〈감정〉, 〈미추〉, 〈색〉의 특성이 관여하고 있는데, 〈모양〉에 8개, 〈감정〉에 14개, 〈미추〉에 17개, 〈색〉에 13개의 낱말이 관여하고 있다. 〈인식방식〉에는 〈높임〉과 〈낮춤〉의 특성이 관여하고 있는데, 〈높임〉에는 5개의 낱말이, 〈낮춤〉에는 4개의 낱말이 관여하고 있다. 〈성질〉에는 〈온화함〉, 〈자애로움〉, 〈숨김이 없음〉, 〈어려 보임〉의 특성이 관여하고 있는데, 〈온화함〉에는 2개의 낱말이, 〈자애로움〉에는 1개, 〈숨김이 없음〉에는 1개, 〈어려 보임〉에는 1개의 낱말이 관여하고 있다.

④ 〈신체〉의 〈눈〉에는 103개의 낱말이 관여하고 있는데, 〈눈〉의 〈전

체〉는 〈상태〉, 〈인식방식〉, 〈성질〉로 하위분절된다. 〈상태〉에는 〈모양〉, 〈감정〉, 〈병〉, 〈미추〉, 〈시력〉의 특성이 관여하고 있는데, 〈모양〉에 60개, 〈감정〉에 11개, 〈병〉에 1개, 〈미추〉에 5개, 〈시력〉에 17개의 낱말이 관여하고 있다. 〈인식방식〉에는 〈높임〉과 〈낮춤〉의 특성이 관여하고 있는데, 〈높임〉에는 1개, 〈낮춤〉에는 4개의 낱말이 관여하고 있다. 〈성질〉에는 〈능력〉의 특성에 4개의 낱말이 관여하고 있다.

⑤ 〈신체〉의 〈코〉에는 20개의 낱말이 관여하고 있는데, 〈코〉의 〈전체〉는 〈상태〉, 〈인식방식〉, 〈성질〉로 하위분절된다. 〈상태〉의 〈모양〉에 특성에 16개, 〈색〉에 1개의 낱말이 관여하고 있다. 〈인식방식〉에는 〈낮춤〉의 특성에 2개의 낱말이 관여하고 있다. 그리고 〈성질〉에는 〈자는 체함〉의 특성에 1개의 낱말이 관여하고 있다.

⑥ 〈신체〉의 〈입〉에는 14개의 낱말이 관여하고 있는데, 〈입〉의 〈전체〉는 〈상태〉, 〈인식방식〉, 〈주체〉에 의하여 하위분절된다. 〈상태〉에는 〈모양〉의 특성에 4개의 낱말이 관여하고 있으며, 〈음식물 섭취〉에 2개의 낱말이 관여하고 있다. 〈인식방식〉에는 〈높임〉과 〈낮춤〉의 특성이 있는데, 〈높임〉에 1개의 낱말이, 〈낮춤〉에 4개의 낱말이 관여하고 있다. 〈주체〉에는 〈궁중인〉에 1개, 〈사람의 수〉에 1개의 낱말이 관여하고 있다.

⑦ 〈신체〉의 〈귀〉에는 2개의 낱말이 관여하고 있는데, 〈귀〉의 〈전체〉는 〈인식방식〉으로 하위분절된다. 〈인식방식〉에는 〈낮춤〉에 2개의 낱말이 관여하고 있다.

⑧ 〈신체〉의 〈목〉에는 3개의 낱말이 관여하고 있으며, 〈목〉의 〈전

체〉는 〈상태〉, 〈인식방식〉에 의하여 하위분절된다. 〈상태〉에는 〈모양〉에 1개의 낱말이 관여하고 있으며, 〈인식방식〉의 〈낮춤〉에 2개의 낱말이 관여하고 있다.

⑨ 〈신체〉의 〈어깨〉에는 3개의 낱말이 관여하고 있는데, 〈어깨〉의 〈전체〉는 〈상태〉, 〈위치〉에 의하여 하위분절된다. 〈상태〉의 〈모양〉에 1개의 낱말이 관여하고 있으며, 〈위치〉에는 2개의 낱말이 관여하고 있다.

⑩ 〈신체〉의 〈가슴〉에는 6개의 낱말이 관여하고 있는데, 〈가슴〉의 〈전체〉는 〈상태〉, 〈인식방식〉에 의하여 하위분절된다. 〈상태〉에는 〈모양〉, 〈감정〉의 특성이 관여하고 있는데, 〈모양〉에 2개, 〈감정〉에 2개의 낱말이 관여하고 있다. 〈인식방식〉에는 〈낮춤〉에 2개의 낱말이 관여하고 있다.

⑪ 〈신체〉의 〈복부〉에는 14개의 낱말이 관여하고 있으며, 〈복부〉의 〈전체〉는 〈상태〉, 〈위치〉, 〈인식방식〉에 의하여 하위분절된다. 〈상태〉에는 〈모양〉과 〈음식물 섭취〉의 특성이 관여하고 있는데, 〈모양〉에 2개, 〈음식물 섭취〉에 4개의 특성이 관여하고 있다. 〈위치〉에는 〈위〉와 〈아래〉의 특성이 관여하고 있는데, 〈위〉에 2개, 〈아래〉에 4개의 낱말이 관여하고 있다. 〈인식방식〉에는 〈낮춤〉에 2개의 낱말이 관여하고 있다.

⑫ 〈신체〉의 〈등〉에는 4개의 낱말이 관여하고 있으며, 〈등〉의 〈전체〉는 〈인식방식〉에 의하여 하위분절된다. 〈인식방식〉에는 〈낮춤〉의 특성에 4개의 낱말이 관여하고 있다.

⑬ 〈신체〉의 〈팔〉에는 15개의 낱말이 관여하고 있으며, 〈팔〉의 〈전체〉는 〈상태〉, 〈위치〉, 〈활동〉에 의하여 하위분절된다. 〈상태〉에

는 〈모양〉에 3개의 낱말이 관여하고 있다. 〈위치〉는 〈위/아래〉
와 〈오른쪽/왼쪽〉의 특성이 관여하고 있는데, 〈위〉에 4개의 낱
말이, 〈아래〉에 2개의 낱말이, 〈오른쪽〉에는 3개의 낱말이, 〈왼
쪽〉에는 2개의 낱말이 관여하고 있다. 그리고 〈활동〉에 1개의
낱말이 관여하고 있다.

⑭ 〈신체〉의 〈다리〉에는 22개의 낱말이 관여하고 있으며, 〈다리〉의
〈전체〉는 〈상태〉, 〈위치〉에 의하여 하위분절된다. 〈상태〉는에
〈모양〉, 〈착용〉, 〈병〉, 〈색〉의 특성이 관여하고 있으며, 〈모양〉
에 14개, 〈착용〉에 2개, 〈병〉에 1개, 〈색〉에 1개의 낱말이 속 해
있다. 〈위치〉에는 〈앞/뒤〉, 〈한쪽/양쪽〉, 〈위/아래〉의 특성이 관
여하고 있는데, 〈앞〉에 1개, 〈뒤〉에 1개, 〈양쪽〉에 1개, 〈위〉에 1
개, 〈아래〉에 1개의 낱말이 속 해 있다.

⑮ 〈신체〉의 〈손〉에는 37개의 낱말이 관여하고 있으며, 〈손〉의 〈전
체〉는 〈상태〉, 〈위치〉, 〈활동〉에 의하여 하위분절된다. 〈상태〉에
는 〈부착〉, 〈소유〉, 〈모양〉, 〈병〉의 특성이 관여하고 있는데, 〈부
착〉에 6개의 낱말이 속해 있으며, 〈소유〉에 3개, 〈모양〉에 10개,
〈병〉에 3개의 낱말이 속해 있다. 〈위치〉는 〈오른쪽/왼쪽〉, 〈한
쪽/양쪽〉, 〈안/밖〉의 특성이 관여하고 있는데, 〈오른쪽〉에 3개,
〈왼쪽〉에 2개, 〈한쪽〉에 2개, 〈양쪽〉에 2개의 낱말이 속해 있으
며, 〈안〉에 2개의 낱말이 속해 있다. 그리고 〈활동〉에 7개의 낱
말이 관여하고 있다.

⑯ 〈신체〉의 〈발〉에는 26개의 낱말이 관여하고 있으며, 〈발〉의 〈전
체〉는 〈상태〉, 〈위치〉, 〈동작〉에 의하여 하위분절된다. 〈상태〉에
는 〈부착〉, 〈모양〉, 〈착용〉, 〈병〉의 특성이 관여하고 있는데, 〈모

양〉에는 8개, 〈착용〉에 4개, 〈병〉에 1개, 〈부착〉에 2개의 낱말
이 관여하고 있다. 〈위치〉에는 〈앞/ 뒤〉, 〈오른쪽/왼쪽〉, 〈한쪽/
양쪽〉의 특성이 관여하고 있는데 〈앞〉에 1개의 낱말이 속해 있
으며, 〈뒤〉에 1개, 〈오른쪽〉에 2개, 〈왼쪽〉에 2개, 〈한쪽〉에 1개,
〈양쪽〉에 2개의 낱말이 속해 있다. 〈동작〉에는 2개의 낱말이 속
해 있다.

⑰ 〈신체〉의 〈손가락〉에는 33개의 낱말이 관여하고 있는데, 〈손가
락〉의 〈전체〉는 〈위치〉와 〈개수〉에 의하여 하위분절된다. 〈위
치〉에는 〈서열〉에 의하여 30개의 낱말이 속해 있다. 〈개수〉에는
3개의 낱말이 속해 있다.

⑱ 〈신체〉의 〈발가락〉에는 7개의 낱말이 관여하고 있는데, 〈발가락〉
의 〈전체〉에는 〈위치〉의 〈서열〉에 7개의 낱말이 속해 있다.

이 연구는 현대국어에서 〈신체〉라는 객관세계에 내재된 한국어 모
국어 화자의 세계관을 〈신체〉 명칭 분절구조를 통하여 우리 민족이 어
떻게 관조하고 있는가를 해명해보기 위하여 시도된 것이다. 이 책의 지
금까지의 내용을 종합하여 정리하면 다음과 같다.

이 책에서는 이러한 작업의 기초가 되는 작업의 순서로 1장에서는
〈신체〉 명칭에 내재된 객관세계를 찾기 위하여 훔볼트와 바이스게르
버의 언어관을 통한 이론적 배경과 어휘분절구조의 연구방법에 대하여
고찰하였으며, 2장에서는 〈신체〉 명칭 객관세계의 기본구조를, 3장에
서는 〈전체〉 중심의 객관세계에 대하여 고찰하였다. 4장에서는 〈머리〉
명칭의 객관세계, 5장에서는 〈목〉 명칭의 객관세계, 6장에서는 〈몸통〉
명칭 객관세계를 각각의 분절구조를 통하여 고찰하였으며, 7장에서는

〈팔다리〉 명칭 객관세계에 대하여 고찰하였다. 지금까지 고찰한 내용을 요약하면 다음과 같다.

① [신체], [몸], [육체(肉體)],[육신(肉身)]을 원어휘소로 하는 〈신체〉 명칭 분절은 우선 〈전체〉와 〈부위〉로 하위분절된다. 〈전체〉는 〈상태〉, 〈인식방식〉, 〈성질〉에 의하여 하위분절되고 〈부위〉는 〈4분법〉의 관점에 따라 〈머리〉, 〈목〉, 〈몸통〉, 〈팔다리〉에 의하여 하위분절된다. 〈전체〉는 〈모양〉, 〈착용〉, 〈소유〉, 〈병〉, 〈생존〉, 〈부양자〉, 〈임신〉에 의하여 하위분절되고, 〈인식방식〉은 〈높임〉, 〈낮춤〉에 의하여, 〈성질〉은 〈순결함〉에 의하여 하위분절된다.

② [머리], [두부(頭部)]를 원어휘소로 하는 〈머리〉 명칭 분절은 〈전체〉와 〈부위〉에 의하여 하위분절되고, 〈전체〉는 〈상태〉, 〈인식방식〉, 〈주체〉에 의하여, 〈부위〉는 〈전/후〉, 〈상/하〉, 〈측면〉, 〈둘레〉에 의하여 하위분절된다. 〈전/후〉는 〈앞머리〉와 〈얼굴〉, 〈뒷머리〉에 의하여 하위분절되고, 〈상/하〉는 〈정수리〉, 〈측면〉은 〈옆머리〉와 〈귀〉에 의하여 하위분절된다. 〈둘레〉에는 [머리통], [짱구]의 두 낱말이 관여하고 있다. 〈전체〉의 〈상태〉는 〈모양〉, 〈착용〉, 〈병〉에 의하여 하위분절되고, 〈인식방식〉은 〈높임〉과 〈낮춤〉에 의하여, 〈주체〉는 〈중〉에 의하여 하위분절된다.

③ [얼굴], [낯], [안면(顏面)], [용안(容顏)]을 원어휘소로 하는 〈얼굴〉 명칭 분절은 〈전체〉와 〈부위〉로 나누어지고, 〈전체〉는 〈주체〉, 〈상태〉, 〈성질〉, 〈인식방식〉에 의하여 하위분절되며, 〈부위〉는 〈눈〉, 〈코〉, 〈입〉, 〈이마〉, 〈뺨〉, 〈턱〉, 〈관자놀이〉에 의하여 하위분절된다. 〈전체〉의 〈주체〉는 〈임금/하인〉, 〈노/소〉, 〈생/사〉,

〈본인/타인〉에 의하여 하위분절되고, 〈전체〉의 〈상태〉는 〈모양〉, 〈미추〉, 〈색〉, 〈감정〉에 의하여 하위분절된다. 〈성질〉은 〈온화함〉, 〈자애로움〉, 〈숨김이 없음〉, 〈떳떳함〉, 〈어려 보임〉에 의하여, 〈인식방식〉은 〈높임〉과 〈낮춤〉에 의하여 하위분절된다.

④ [눈]을 원어휘소로 하는 〈눈〉 명칭 분절은 〈전체〉와 〈부위〉에 의하여 하위분절되고, 〈전체〉는 〈상태〉와 〈성질〉, 〈인식방식〉에 의하여, 〈부위〉는 〈내부〉와 〈외부〉에 의하여 하위분절된다. 〈전체〉의 〈상태〉는 〈모양〉, 〈시력〉, 〈미추〉, 〈감정〉, 〈병〉에 의하여, 〈성질〉은 〈능력〉에 의하여, 〈인식방식〉은 〈높임〉과 〈낮춤〉에 의하여 하위분절된다. 〈부위〉의 〈내부〉는 〈자위〉와 〈구멍〉에 의하여, 〈부위〉의 〈외부〉는 〈털〉와 〈가장자리〉, 〈귀 쪽으로 째진 부분〉, 〈눈살〉, 〈덮개〉에 의하여 하위분절된다.

⑤ [코]를 원어휘소로 하는 〈코〉 명칭 분절은 〈전체〉와 〈부위〉에 의하여 하위분절되고, 〈전체〉는 〈상태〉, 〈성질〉, 〈인식방식〉에 의하여 하위분절되며, 〈부위〉는 〈등성이〉, 〈콧구멍〉, 〈코밑〉, 〈콧살〉에 의하여 하위분절된다. 〈전체〉의 〈상태〉는 〈모양〉, 〈색깔〉에 의하여, 〈성질〉은 〈자는 체함〉에 의하여, 〈인식방식〉은 〈낮춤〉에 의하여 하위분절되고 있다.

⑥ [입]을 원어휘소로 하는 〈입〉 명칭 분절은 먼저 〈전체〉와 〈부위〉에 의하여 하위분절된다. 〈전체〉는 〈상태〉, 〈인식방식〉, 〈주체〉에 의하여 하위분절되고, 〈부위〉는 〈입술〉, 〈가장자리〉, 〈구석〉에 의하여 하위분절된다. 〈전체〉의 〈상태〉는 〈음식물 섭취〉와 〈모양〉에 의하여 하위분절되고, 〈인식방식〉은 〈높임〉과 〈낮춤〉에 의하여, 〈주체〉는 〈궁중인〉과 〈사람의 수〉에 의하여 하위분

절된다.

⑦ [이마], [이맛전]을 원어휘소로 하는 〈이마〉 명칭 분절은 〈전체〉
와 〈부위〉에 의하여 하위분절된다. 〈전체〉는 〈인식방식〉에 의하
여 하위분절되고, 〈부위〉에는 [이맛살]이라는 단어가 관여하고
있다.

⑧ [뺨]을 원어휘소로 하는 〈뺨〉 명칭 분절은 〈전체〉와 〈부위〉에 의
하여 하위분절되고, 〈전체〉는 〈인식방식〉에 의하여, 〈부위〉는
〈볼〉과 〈보조개〉로 하위분절된다. 〈전체〉의 〈인식방식〉은 〈낮
춤〉에 의하여 하위분절된다.

⑨ [턱]을 원어휘소로 하는 〈턱〉 명칭 분절은 〈전체〉와 〈부위〉에 의
하여 하위분절된다. 〈전체〉는 〈위치〉와 〈인식방식〉에 의하여 하
위분절되고, 〈부위〉에는 [턱살]이라는 낱말이 관여하고 있다.

⑩ 〈관자놀이〉 명칭 분절은 [관자놀이]라는 단 하나의 낱말이 관여
하고 있다.

⑪ 〈머리〉의 〈전/후〉의 〈뒷머리〉 명칭 분절에는 [뒷머리], [뒤통수],
[뒷골]이 관여하고 있다.

⑫ 〈머리〉의 〈상/하〉에는 〈정수리〉 명칭이 관여하고 있다.

⑬ 〈머리〉의 〈측면〉의 〈옆머리〉 명칭 분절에는 [옆머리]라는 단 하
나의 낱말이 관여하고 있다.

⑭ 〈머리〉의 〈측면〉의 〈귀〉 명칭 분절은 [귀]를 원어휘소로 하면서
〈전체〉와 〈부위〉에 의하여 하위분절된다. 〈전체〉는 〈인식 방식〉
에 의하여, 〈부위〉는 〈언저리〉, 〈귓바퀴〉, 〈귀뿌리〉, 〈구멍〉, 〈귀
와 뺨의 사이〉에 의하여 하위분절된다. 〈전체〉의 〈인식방식〉에
는 〈낮춤〉의 특성이 관여하고 있다.

⑮ 〈머리〉의 〈둘레〉 명칭 분절에는 [머리통]과 [짱구]라는 두 개의 낱말이 관여하고 있다.

⑯ 〈목〉 명칭 분절은 [목]을 원어휘소로 하면서 〈전체〉와 〈부위〉에 의하여 하위분절된다. 〈전체〉에는 〈상태〉와 〈인식방식〉이, 〈부위〉는 〈목덜미〉가 관여하고 있다. 〈상태〉에는 〈모양〉이 관여하고 있으며, 〈인식방식〉은 〈낮춤〉의 특성이 관여하고 있다.

⑰ 〈몸통〉 명칭 분절은 [몸통]을 원어휘소로 하면서 〈전체〉와 〈부위〉에 의하여 하위분절된다. 하지만 〈전체〉에 해당하는 낱말은 없으며, 〈부위〉는 〈어깨〉, 〈가슴〉, 〈복부(腹部)〉, 〈등〉, 〈허리〉, 〈옆구리〉로 하위분절된다.

⑱ 〈어깨〉 명칭 분절은 [어깨], [견두(肩頭)]를 원어휘소로 하면서 〈전체〉와 〈부위〉에 의하여 하위분절된다. 〈전체〉는 〈상태〉와 〈위치〉에 의하여, 〈부위〉는 〈넓적한 곳〉, 〈팔이 붙은 곳〉, 〈둘레〉, 〈곡선〉, 〈어깨와 등이 이어지는 곳〉에 의하여 하위분절된다. 〈전체〉의 〈상태〉에는 〈모양〉의 특성이 관여하고 있다.

⑲ [가슴], [흉부]를 원어휘소로 하는 〈가슴〉 명칭 분절은 〈전체〉와 〈부위〉에 의하여 하위분절된다. 〈전체〉는 〈상태〉와 〈인식방식〉에 의하여 하위분절되고, 〈부위〉는 〈둘레/너비〉, 〈앞부분〉에 의하여 하위분절된다. 〈전체〉의 〈상태〉는 〈모양〉, 〈감정〉의 특성이 관여하고 있으며, 〈인식방식〉에는 〈낮춤〉의 특성이 관여하고 있다.

⑳ [복부(腹部)], [배], [복면(腹面)]을 원어휘소로 하는 〈복부〉 명칭 분절은 〈전체〉와 〈부위〉로 하위분절된다. 〈전체〉는 〈상태〉와 〈위치〉, 〈인식방식〉에 의하여, 〈부위〉는 〈배꼽〉과 〈뱃살〉에 의

하여 하위분절된다. 〈전체〉의 〈상태〉에는 〈모양〉과 〈감정〉의 특성이 관여하고 있으며, 〈전체〉의 〈위치〉에는 〈위〉와 〈아래〉가 관여하고 있다.

㉑ [등]을 원어휘소로 하는 〈등〉 명칭 분절은 〈전체〉와 〈부위〉로 하위분절되고, 〈전체〉는 〈인식방식〉에 의하여, 〈부위〉는 〈등덜미〉, 〈덩허리〉, 〈등골〉, 〈등바닥〉, 〈등살〉에 의하여 하위분절된다.

㉒ 〈허리〉 명칭 분절은 [허리]를 원어휘소로 하고 있으며, 〈전체〉와 〈부위〉에 의하여 하위분절된다. 〈전체〉는 〈상태〉에 의하여, 〈부위〉는 〈둘레〉에 의하여 하위분절된다. 〈상태〉에는 〈모양〉의 분절이 관여하고 있다.

㉓ 〈옆구리〉 명칭 분절에는 [옆구리]라는 단 하나의 낱말이 관여하고 있다.

㉔ 〈팔다리〉 명칭 분절은 [팔다리], [사지(四指)]를 원어휘소로 하면서 〈팔〉과 〈다리〉에 의하여 하위분절된다. 〈팔〉은 〈전체〉와 〈부위〉에 의하여 하위분절되는데 〈전체〉는 〈상태〉, 〈위치〉 〈활동〉에 의하여 하위분절되고, 〈부위〉는 〈손〉, 〈겨드랑이〉, 〈팔꿈치〉, 〈팔목〉에 의하여 하위분절된다. 〈다리〉는 〈전체〉와 〈부위〉로 하위분절되고, 〈전체〉는 〈상태〉와 〈위치〉에 의하여, 〈부위〉는 〈발〉, 〈볼기〉, 〈넓적다리〉, 〈샅〉, 〈무릎〉, 〈정강이〉, 〈종아리〉, 〈발목〉, 〈복사뼈〉, 〈둘레〉에 의하여 하위분절된다.

위에서 살펴본 특징들을 종합하여 볼 때 신체의 각 부분에 있어 가장 많은 어휘 수를 가지는 것은 〈팔다리〉 명칭이며, 그 아래로 〈머리〉, 〈몸통〉, 〈목〉 명칭이 이어진다. 〈머리〉 명칭 분절에서 가장 많은 어휘

수를 가진 분절은 〈눈〉 명칭 분절이었으며, 그 다음으로 〈얼굴〉 명칭 분절이다. 이러한 점은 한국어를 쓰는 모국어 화자가 〈눈〉이라는 객관 세계에 대하여 다른 대상보다 더 많은 관심을 가지고 있었음을 나타낸다. 각 분절의 하위분절에 있어서는 〈상태〉에 관한 낱말이 공통적으로 많았으며, 그중에서도 〈모양〉에 관한 낱말의 수가 신체의 각 부분에 걸쳐서 가장 많이 나타나고 있다.

〈인식방식〉에 있어서 〈높임〉과 〈낮춤〉의 특성이 다른 분절구조에 비하여 현저히 많이 나타나는 것은 서열을 중요시하는 우리말의 경어법 체계와 관련이 있는 것으로, 다른 언어와 구분되는 한국어 고유의 특성이라고 할 수 있다.

〈손〉의 분절구조에 있어서 〈손〉의 〈전체〉를 나타내는 특성은 〈상태〉, 〈위치〉, 〈활동〉으로 나타남에 반하여 〈발〉의 〈전체〉를 나타내는 특성은 〈상태〉, 〈위치〉, 〈동작〉으로 나타남은 어떤 일을 하거나 행동을 취할 때 〈손〉이 더 주도적인 위치에 있음을 말하는 것이라 할 수 있다. 또 〈손가락〉에 관여하는 낱말과 〈발가락〉에 관여하는 낱말을 비교하여 볼 때 〈손가락〉 분절은 각각의 손가락의 명칭이 다양하게 나타남에 반하여 〈발가락〉 명칭에는 〈두 번째〉와 〈네 번째〉에 해당하는 〈발가락〉의 명칭이 존재하지 않는 것을 보면 〈발가락〉보다는 〈손가락〉이 〈신체〉의 부위에 있어서 더 능동적인 역할을 하고 있기 때문이라 추측된다. 그리고 〈손가락〉의 묶음에 있어서도 [삼지(三指)], [오지(五指)]와 같은 낱말이 나타나는 것은 우리 민족이 수의 개념에서 짝수보다는 홀수를 우선시하는 의식구조를 보여준다고 할 수 있다.

1. 기본 자료

고려대학교 민족문화연구소, 『중한대사전』, 1995.

――――――――――――――, 『한국어대사전』, 2009.

국립국어연구원, 『표준국어대사전』, 2001.

사회과학원 언어연구소, 『조선말대사전』, 1992.

신기철 · 신용철 편저, 『새 우리말 큰사전』(상 · 하), 삼성출판사, 1980.

이기문 감수, 『동아 새국어사전』, 동아출판사, 1989.

한글학회, 『우리말 큰사전』, 어문각, 1992.

김민수편, 『금성판국어대사전』, 1996.

『漢韓大字典』, 민중서림, 1994.

2. 논문 및 단행본

강상식, 「현대국어의 집짐승 이름씨에 대한 연구」, 고려대학교 교육대학원, 1987.

강기선 외, 『인체해부학』, 고문사, 2001.

국립국어연구원, 『현대국어사용빈도조사―한국어 학습용 어휘 선정을 위한 기초조사』, 2000.

김민수, 『국어의미론』, 일조각, 1981.

김성대, 「조선시대의 색채어 낱말밭에 대하여―Leo Weisgerber의 이론을 중심으로」, 고려대학교 대학원, 박사학위 논문, 1977.

―――, 「세계의 언어화에 대하여」, 『한글』 166호, 한글학회, 1979.

———, 『도이치 언어학개론』, 단국대학교 출판부, 1984.

———, 「Leo Weisgerber의 품사론」, 『언어내용연구』, 태종출판사, 1989.

김성환, 「〈코〉 명칭에 대한 고찰」, 『우리말내용연구』 제2호, 우리말내용연구회, 1995.

김양진, 「다툼을 나타내는 동사의 낱말밭」, 『한국어내용연구』 제1집, 국학자료원, 1994.

김연심, 「〈시각행위〉 명칭 분절구조 연구(1)-대상을 중심으로」, 『한국학연구』 14, 고려대학교 한국학연구소, 2001.

———, 「〈시각행위〉 명칭의 분절구조 연구」, 고려대학교 대학원 박사학위 논문, 2003.

김응모, 『한국어 신체관련 자동사 낱말밭』, 박이정, 1996.

———, 『고려가요의 낱맡밭 연구』, 박이정, 2011.

김일환, 「〈종이〉 명칭 낱말밭 연구」, 『우리말내용연구』 제2호, 우리말내용연구회, 1995.

김재봉, 「〈착용〉 동사의 낱말밭 연구」, 고려대학교 교육대학원 석사학위 논문, 1988.

———, 「어휘분절구조와 어휘교육」, 한국어내용학회 편, 『한국어와 모국어정신』, 국학자료원, 2000.

김재영, 「Leo Weisgerber의 의미영역에 대하여」, 『언어내용연구』, 태종출판사, 1989.

———, 「Leo Weisgerber의 의의영역에 대한 연구」, 고려대학교 대학원 박사학위 논문, 1990.

———, 「어휘 형성과 확대에 대한 내용중심적 고찰」, 『우리말내용연구』 창간호, 우리말내용연구회, 1994.

———, 『성능중심 어휘론』, 국학자료원, 1996.

———, 「G. Ipsen의 분절구조 이론」, 한국어내용학회, 『한국어내용론』 제4호, 국학자료원, 1996.

김종대, 「언어변천과 어휘의 개념변천」, 『언어내용연구』, 태종출판사, 1989.

김진우, 『언어』, 탑출판사, 1996.

남궁양석, 「중국어의 〈붕우(朋友)〉 명칭에 대한 고찰」, 한국어내용학회, 『한국어내용론』 제4호, 국학자료원, 1996.

도원영, 「〈알림〉 타동사의 낱말밭」, 『우리말 내용연구』 제2호, 국학자료원, 1995.

―――, 「현실 언어 자료에 기반한 '가볍다'류 형용사의 분석」, 한국어내용학회 편, 『한국어와 모국어정신』, 국학자료원, 2000.

박기숙, 「중국어의 〈모친(母親)〉 명칭에 대한 고찰」, 한국어내용학회, 『한국어내용론』 제4호, 국학자료원, 1996.

박여성, 「어휘소 구조에 대한 연구―특히 E. Coseriu의 어휘소론을 중심으로」, 고려대학교 대학원, 1984.

―――, 「텍스트 유형에 대한 구조·기능주의적 고찰」, 한국어내용학회, 『한국어내용론』 제4호, 국학자료원, 1996.

박영순, 『한국어 의미론』, 고려대학교 출판부, 1994.

―――, 『한국어 은유 연구』, 고려대학교 출판부, 2000.

변정민, 「〈길〉 명칭의 분절구조 연구」, 한국어내용학회 편, 『한국어와 모국어정신』, 국학자료원, 2000.

배도용, 「한국어 머리(頭髮) 낱말밭의 내용분석」, 『한국어학의 이해와 전망』, 一菴金應模敎授回甲紀念論叢 刊行委員會, 1997.

―――, 「우리말 신체어의 의미 확장 연구」, 부산대학교 대학원 국어국문학과, 2001.

배성우, 「국어 〈모자〉 명칭의 분절구조 연구―독일어와의 비교를 통하여」, 고려대학교 교육대학원 석사학위 논문, 1998.

―――, 「〈탈것〉 명칭 분절구조 연구」, 고려대학교 대학원 박사학위 논문, 2001.

배성훈, 「현대국어의 〈산〉 명칭에 대한 연구」, 고려대학교 대학원 석사학위 논문, 2000.

―――, 「현대국어의 〈길〉 명칭 분절구조 연구」, 고려대학교 대학원 박사학위 논문, 2003.

―――, 『현대국어의 내용이해』, 푸른사상사, 2006.

배해수, 「바이스게르버의 언어공동체 이론에 대하여」, 『한글』 166호, 한글학회,

1979.

───, 「현대국어의 생명종식어에 대한 연구 ─ 자동사적 표현을 중심으로」, 고려대
학교 대학원, 박사학위 논문, 1982.

───, 「맛그림씨 낱말밭」, 『한글』 176호, 한글학회, 1982.

───, 「냄새 형용사에 대하여」, 『어문논총』 6호, 전남대학교 어문학연구회, 1982.

───, 「나이 그림씨에 대한 고찰」, 『사림』 3집, 전남대학교 사범대학 학도호국단,
1982.

───, 『국어내용연구 ─ 성격그림씨를 중심으로』, 고려대학교 민족문화연구소,
1990.

───, 『국어내용연구 (3) ─ 〈친척〉 명칭에 대한 분절구조』, 국학자료원, 1994.

───, 「동적 언어이론의 이해」, 『한국어내용론』 3, 한국어내용학회, 1995.

───, 「〈해(年)〉 명칭에 대한 고찰」, 『인문대논집』 15, 고려대학교 인문대학,
1997.

───, 『한국어와 동적언어이론』, 고려대학교 출판부, 2000.

백상호, 『해부학총론』, 군자출판사, 2000.

서정수, 『국어문법』, 한양대학교 출판원, 1996.

서태길, 「자름 타동사 낱말밭」, 『한국어 내용연구』 제1집, 국학자료원, 1994.

성광수, 「의미 해석과 의미 기술의 한계」, 이승명 편, 『추상과 의미의 실제』, 박이정,
1998.

손남익, 「〈온도〉 그림씨 낱말밭」, 『한국어 내용연구』 제1집, 국학자료원, 1994..

───, 「낱말밭 연구사」, 『한국어학의 이해와 전망』, 一菴金應模敎授回甲記念論
叢 刊行委員會, 1997.

───, 「국어의 식사 명칭에 대한 연구」, 한국어내용학회 편, 『한국어와 모국어정
신』, 국학자료원, 2000.

손숙자, 「〈말〉 명칭 분절구조 연구 (1)」, 『한국학 연구』 14, 고려대학교 한국학연구
소, 2001.

───, 「〈말〉 명칭의 분절구조 연구 (4)」, 『한국어 이름씨 분절구조』, 국학자료원,
2003.

송민규, 「〈다리〉 명칭에 대한 연구」, 한국어내용학회 편, 『한국어내용론』 7(한국어와 모국어정신), 국학자료원, 1999.

시정곤, 「분절구조의 몇 가지 문제」, 한국어내용학회 편, 『한국어와 모국어정신』, 국학자료원, 2000.

신익성, 「Weisgerber의 언어 이론」, 『한글』 제153호, 한글학회, 1974.

─────, 「Wilhelm von Humboldt의 언어관과 변형이론의 심층구조」, 『어학연구』 15권 1호, 서울대학교 어학연구소, 1979.

─────, 『훔볼트-언어와 인간』, 서울대학교 출판부, 1993.

신차식, 「한·독 직업 명칭에 대한 비교 연구」, 고려대학교 대학원 박사학위 논문, 1983.

안문영, 「Leo Weisgerber의 문학 연구」, 『언어내용연구』, 태종출판사, 1989.

안정오, 「낱말밭과 언어습득의 상관성」, 『한국어내용론』 제3호, 한국어내용학회, 1995.

─────, 「J.G. Herder의 언어기원 이론」, 『인문대논집』 제14집, 고려대학교 인문대학, 1996.

─────, 「W. v. Humboldt의 언어철학에서 교육적 특성」, 『인문대논집』 제15집, 고려대학교 인문대학, 1997.

─────, 「내용중심문법의 생성, 발전, 그리고 전망」, 한국어내용학회 편, 『한국어와 모국어정신』, 국학자료원, 2000.

─────, 『언어의 민족적 특성에 대하여』, 고려대학교 출판문화원, 2017.

오명옥, 「〈눈〉 명칭의 낱말밭」, 『우리말 내용연구』 2, 우리말내용연구회, 1995.

오미정, 「〈창〉 명칭의 어휘분절구조 연구」, 한국어내용학회 편, 『한국어와 모국어정신』, 국학자료원, 2000.

오새내, 「동적언어이론을 바탕으로 한 한국어 시소러스-한국어 명칭사전 편찬 방향에 관하여」, 한국어내용학회 편, 『한국어내용론』 8(한국어 어휘 분절구조 연구), 국학자료원, 2002.

유예지, 「낱말밭을 활용한 어휘교육방법연구」, 연세대학교 교육대학원 논문, 2011.

이관규, 「내용 중심 문법의 분절화 영역 확대 시고」, 한국어내용학회 편, 『한국어와 모국어정신』, 국학자료원, 2000.

이기동, 「북한의 함경방언 연구에 대한 고찰」, 『인문대논집』 제16호, 고려대학교 인
    문대학, 1997.

이기동·배성훈, 「방언 어휘 분절구조 발견을 위한 조사방법론 고찰」, 고려대학교
    한국학연구소, 2013

이경자, 『우리말 신체어 형성』, 충남대학교 출판부, 1999.

이성준, 「L. Weisgerber의 월구성안에 대한 연구」, 고려대학교 대학원 박사학위 논
    문, 1984.

──, 「성능 중심 언어연구 전반에 대한 고찰」, 『인문대논집』 제7집, 고려대학교
    인문대학, 1989.

──, 『언어 내용 이론─통어론을 중심으로』, 국학자료원, 1993.

──, 「빌헬름 폰 훔볼트와 현대의 언어이론」, 『한국어내용론』 제3호, 한국어내용
    학회, 1995.

──, 「빌헬름 폰 훔볼트의 언어관에 나타난 언어의 본질」, 『한국어내용론』 제4
    호, 한국어내용학회, 1996.

──, 「빌헬름 폰 훔볼트의 언어관과 언어내용 연구」, 『인문대논집』 제14집, 고려
    대학교 인문대학, 1996.

──, 「훔볼트의 관점에서 본 언어의 개별성과 보편성」, 『인문대논집』 제15집, 고
    려대 인문대학, 1997.

──, 『훔볼트의 언어철학』, 고려대학교 출판부, 1999.

──, 「훔볼트의 언어관에 나타나는 형식과 소재의 문제」, 한국어내용학회 편,
    『한국어와 모국어정신』, 국학자료원, 2000.

──, 『훔볼트의 언어철학─언어·교육·예술』, 푸른사상사, 2013.

이승명, 『국어 어휘의 의미구조에 대한 연구』, 형설출판사, 1980.

이을환·이용주, 『국어의미론』, 현문사, 1975.

이정식, 「〈슬프다〉류 그림씨 낱말밭」, 『한국어내용연구』 제1집, 국학자료원, 1994.

이정식·이동혁·박병선, 「어휘장과 은유문제」, 한국어내용학회 편, 『한국어와 모
    국어 정신』, 국학자료원, 2000.

이익환, 『의미론개론』, 한신문화사, 1995.

임지룡, 『국어 대립어의 의미 상관 관계』, 형설출판사, 1989.

———, 『국어의미론』, 탑출판사, 1997.

———, 「'기쁨'과 '슬픔'의 개념화 양상」, 『국어학』 37, 국어학회, 2001.

장기문, 「현대국어의 물 이름에 대한 고찰」, 『한성어문학』 7집, 한성대학교 국어국
　　　문학과, 1988.

———, 「〈아이〉 명칭에 대한 고찰(1)-〈출생〉을 중심으로」, 『우리어문연구』 8집, 우
　　　리어문연구회, 1994.

———, 「현대국어의 〈여자〉 명칭의 분절구조 연구」, 고려대학교 대학원 박사학위
　　　논문, 2000.

———, 「현대국어 〈직업인〉 명칭에 대한 고찰(3)」, 한국어내용학회 편, 『한국어와
　　　모국어정신』, 국학자료원, 2000.

장병기, 「소쉬르와 랑그」, 『한글』 제196호, 1987.

장석진, 『화용론 연구』, 탑출판사, 1992.

장영천, 「Leo Weisgerber의 조어론」, 『언어내용연구』, 태종출판사, 1989.

장은하, 「〈눈〉 이름씨에 대한 고찰」, 『한국어내용론』 4, 한국어내용학회, 1996.

———, 「〈눈부위〉 명칭에 대한 고찰」, 『우리어문연구』 10, 우리어문학회, 1997.

———, 「현대국어의 〈손부위〉 명칭에 대한 연구」, 고려대학교 석사학위 논문,
　　　1998.

———, 『중화현상에 의한 은유연구-어휘분절구조이론을 중심으로』, 월인, 2005.

장향실, 「전통옷 명칭 낱말밭」, 『한국어 내용 연구』 제1집, 국학자료원, 1994.

정시호, 『어휘장이론 연구』, 경북대학교 출판부, 1994.

———, 「세계관이란 무엇인가」, 『한국어학의 이해와 전망』, 一菴金應模敎授 回甲
　　　紀念論叢 刊行委員會, 1997.

———, 「가족유사성 개념과 공통속성」, 한국어내용학회 편, 『한국어와 모국어정
　　　신』, 국학자료원, 2000.

정　광, 『국어학사』, 한국방송대학교 출판부, 1997.

정주리, 「〈발화〉류 동사 내용 연구-〈평가〉 의미 표현을 중심으로」, 『한국어 내용연

구』제1집, 국학자료원, 1994.

──────, 2000. "동사의 틀(frame) 의미 요소 연구", 『한국어와 모국어정신』
(한국어내용학회), 국학자료원

정태경, 「〈떡〉 명칭 분절구조」, 한국어내용학회 편, 『한국어내용론』 제6호(한국어와
세계관), 국학자료원, 1999.

──────, 「〈밥〉 명칭의 분절구조」, 한국어내용학회 편, 『한국어와 모국어정신』, 국학
자료원, 2000.

──────, 「〈김치〉 명칭 분절구조 연구」, 고려대학교 석사학위 논문, 2001.

차준경, 「〈자리〉 명칭에 대한 고찰」, 한국어내용학회 편, 『한국어와 모국어정신』, 국
학자료원, 2000.

천시권·김종택, 『국어의미론』, 개문사, 1973.

최경봉, 「국어 명사의 의미 구조 연구」, 고려대학교 박사학위 논문, 1996.

최창렬·심재기·성광수, 『국어의미론』, 개문사, 1986.

최호철, 「현대국어 서술어의 의미 연구」, 고려대학교 박사학위 논문, 1993.

──────, 「현대국어 감탄사의 분절구조 연구」, 한국어내용학회 편, 『한국어와 모국어
정신』, 국학자료원, 2000.

────── 편, 『의미자질기반 현대한국어낱말밭 연구』, 한국문화사, 2013.

허　발, 「Leo Weisgerber」, 『Turm』 제2집, 고려대학교 독일어문학회, 1972.

──────, 「Weisgerber에 의한 어휘의 분절구조이론(Wortfeld-theorie)의 동적 고찰에
대하여」, 『한글』 157호, 한글학회, 1976.

──────, 『낱말밭의 이론』, 고려대학교 출판부, 1981.

──────, 「내용중심문법」, 『한글』 199호, 한글학회, 1988.

허　웅, 『언어학-그 대상과 방법』, 샘문화사, 1981.

홍종선, 「개화기 시대 문장의 문체연구」, 『국어국문학』 117호, 국어국문학회, 1996.

Benner, D., *Wilhelm von Humboldts Bildungstheorie*, Juventa Verlag Weinheim und
München, 1990.

Caroll, D.W., *Psychology of Language*, Cole Publishing Company, 1994.

Cassirer, E., *An Essay on man-An Introduction to a Philosophy of Human Culture*, Yale

University Press, 1944.

Chomsky, N., *Knowledge of language: It's Nature, Origin, and Use*, New York: Praeger, 1987.

Coseriu, E., *Einführung in die strukturelle Betrachtung des Wortschatzes*, 1966. 『현대의 미론의 이해』, 허발 역, 국학자료원, 1997.

──────, *Sprache*, Strukturen und Funktionen, Tübingen, 1971.

──────, *Textlinguistik*, Tübingen, 1980, 『텍스트 언어학』, 신익성 역, 사회문화 연구소, 1995.

Cruse, D.A., *Lexical Semantics*, Cambridge: Cambridge University Press, 1986. 『어 휘의미론』, 임지룡 · 윤희수 역, 경북대학교 출판부, 1989.

Darmesteter, *La Vie de Mots étudiée dans leurs signifcation*, Paris: Delagrave, 1886. 『낱말의 생태 : 단어의 의미론적 연구』, 최석규 역, 대한교과서주식회사, 1963.

Gipper, H., *"Inhaltbezogene Grammatik" Grundzüge der Literatur-und Sprachwis-senschaft*, Band 2.(Sprachwissenschaft). Deuscher Taschenbuch Verlag. Münche/Darmstadt, 1976.

Goatly, A., *Language of Mataphor*, Routledge London and New York, 1997.

Haegeman, L., Introduction to Goverment, Blackwell Publishers. 1994.

Helbig, G., *Geschichte der neueren Sprachwissenschaft*, Rowohlt Taschenbuch Verlag, Leipzig/München, 1974.

──────, *Geschichte der neueren Sprach-Wissenschaft*, 1973. 『언어학사』, 임환재 역, 경문사, 1984.

Hoberg, R., *Die Lehre vom sprachlichen Feld*, Schwann, Düsseldorf, 1970.

Humboldt, W.v., *Werke*, Band 3. *Schriften Zur Sprachphilosophie*, Cott'asche Buch-handlung, Stuttgart, 1979.

Ivić, M., *Trends in Linguistics*, Mouton/co. N.V. Publisher, 1970.

Johnson, M., *The body in mind*, Chicago Univ. Press, 1989. 『마음속의 몸 ─ 의미, 상 상력, 이성의 신체적 기초』, 이기우 역, 한국문화사, 1992.

Luther, W., *Weltansicht und Geistesleben*, Göttingen. Vandenhoeck & Ruprecht, 1954.

Lyons, J., *Semantics 1, 2*, Cambridge University Press, 1977.

────, *Linguistic semantics ─ An Introduction*, Cambridge University Press, 1995.

Langacker, R.W., *The Foundation of Cognitive Grammar-Descritive Application(I, II)*, Stanford Univ. Press. 1991. 『인지문법의 토대 Ⅰ, Ⅱ』, 김종도 역, 도서출판 박이정, 1999.

Nida, E.A., *Componential Analysis of Meaning*, Mouton Publisher, The Hague, 1975.

Nickel, G., E*inführung in die Linguistik*, Erich Schmidt Verlag, 1978. 『언어학개론』, 이성준 역, 국학자료원, 1994.

Ogden, C.K. & Richard, I.A., *The meaning of Meaning*, A Harvest/HBJ Book. 1923. 『의미의 의미』, 이봉주 역, 한신문화사, 1986.

Robins, R.H., *A Short History of Linguistics*, Longman inc, New York, 1992.

Saeed, J.I., *Semantics*, Blackwell Publishers, 1997.

Saussure, F.D., *Cours de Linguistque Générale*, Payot, Paris, 1972.

Salus, P.H., *On language To Platon*, Hilt, Rinehart and Winston, Inc., 1969.

Ullmann, S., *Semantics: An Introduction to the science of Meaning*, Oxford, 1962. 『의미론 ─ 의미과학입문』, 남성우 역, 탑출판사, 1988.

Weisgerber, L., *Grundzüge der inhaltbezogenen Grammatik*, Düsseldorf, 1962.

────, *Muttersprache und Geistesbildung*, 1928. 『모국어와 정신형성』, 허발 역, 문예출판사, 1993.

Way, E.C., *Knowledge Representation and Metaphor*, Kluwer Academic Publishers, 1991.

•●● 장은하 章銀河

고려대학교 국어국문학과를 졸업하고 같은 대학원에서 국어국문학과 석사학위와 응용어문정보학과 박사학위를 받았다. 현재 고려대학교 문화 창의학부 초빙교수로 있다.

우리말 신체 명칭과 한국적 세계관